Post-Crisis Financial
REGULATION
POLICY DESIGN AND ASSESSMENT

新金融监管
政策设计与评估

赵 岳◎著

中国金融出版社

责任编辑：何　为
责任校对：孙　蕊
责任印制：陈晓川

图书在版编目（CIP）数据

新金融监管政策设计与评估（Xinjinrong Jianguan Zhengce Sheji yu Pinggu）/赵岳著 . —北京：中国金融出版社，2016. 12
　ISBN 978 – 7 – 5049 – 8798 – 3

　Ⅰ. ①新… 　Ⅱ. ①赵… 　Ⅲ. ①金融监管—金融政策—研究
Ⅳ. ①F830. 2

　中国版本图书馆 CIP 数据核字（2016）第 276575 号

出版
发行　　**中国金融出版社**

社址　北京市丰台区益泽路 2 号
市场开发部　（010）63266347，63805472，63439533（传真）
网 上 书 店　http://www.chinafph.com
　　　　　　（010）63286832，63365686（传真）
读者服务部　（010）66070833，62568380
邮编　100071
经销　新华书店
印刷　保利达印务有限公司
尺寸　169 毫米 ×239 毫米
印张　12. 25
字数　152 千
版次　2016 年 12 月第 1 版
印次　2016 年 12 月第 1 次印刷
定价　45. 00 元
ISBN 978 – 7 – 5049 – 8798 – 3/F. 8358
如出现印装错误本社负责调换　联系电话（010）63263947

序　言

2014 年 2 月，我有幸受邀出席在瑞士举办的第七届银行经济学国际会议。会议主办方从来自世界各地的数百篇研究成果中选中了我关于金融监管政策设计的论文，因此，我幸运地成为这次会议上唯一一名来自亚洲的金融学者。我清晰地记得，在高耸绵延的阿尔卑斯雪山脚下，会议组织者——瑞士苏黎世大学的经济学教授 Steven Ongena 对我讲，这篇论文中关于国际金融危机后金融监管政策的评估和设计对各国金融监管者和研究者而言非常重要，研究视角也很新颖，希望未来能有更多的中国学者积极参与这一领域的研究和讨论。也正是从那时起，我萌生了将自己近年来在金融监管领域的研究和思考出版成书的念头，以期为金融监管的政策制定和研究提供一点启发，希望以此作为引玉之砖，吸引更多专家学者加入到新金融监管的研究中来。

最早将金融监管作为自己的研究重点还要追溯到 2008 年。那年 7 月，我作为"高盛全球领导者项目"的中国获奖者赴纽约高盛总部培训访问。那时，次贷危机的影响已经显现，盛夏的华尔街四处弥漫着紧张和焦虑的气氛。在与高盛管理层交流的过程中，一些人谈到了危机前的"轻触式"监管政策以及由此引发的监管套利，这是本次危机爆发和蔓延的重要原因。那么，危机前的金融监管政策究竟出了什么问题，使金融机构和投资者对日益累积的风险无动于衷？金融监管政策应该如何修正和完善？这些问题不停地萦绕在我心中，始终挥之不去。自此，我开始大量阅读相关书籍和文献，密切关注国际金融监管改革的最新进展，并将金融监管作为我北京大学博士论文的研究方向。在美国哥伦比亚大学访学期间，我有幸与 Joseph Stiglitz、Patrick Bolton

和 Charles Calomiris 等著名教授就此问题进行深入交流讨论，他们分别从不同的角度提出了宝贵建议。为了与国际前沿的金融监管改革思路保持同步，我在德国林岛诺贝尔经济学奖交流大会、美国杰克逊·霍尔年会等多场国际会议上积极与各国与会的金融监管者和研究者交流讨论，从中受益良多。本书的研究思路和写作素材也得以不断丰富和完善。

2008 年国际金融危机之后，各国政策制定者对于金融监管改革的讨论始终未曾止步。危机后的新金融监管改革一方面继续修订和完善原有的资本充足率监管机制，提高最低资本要求，扩大监管资本风险覆盖范围，新设杠杆率等监管工具；另一方面也首次建立了流动性风险监管框架。与此同时，国际社会深刻认识到原先只关注单个金融机构的监管政策不能从系统性、逆周期的视角防范风险的积累和传播，因而危机后的金融监管改革围绕宏观审慎监管展开：在时间维度上，通过设立逆周期资本缓冲等手段抑制银行体系的顺周期性；在跨机构维度上，通过对系统重要性金融机构提出额外资本要求和总损失吸收能力要求，降低整个金融体系的系统性风险。

尽管各国在推动和引导金融监管改革实践方面取得了一些进展，但无论是国内还是国外，金融监管相关的理论研究仍然落后于金融监管改革实践。危机后新提出的金融监管政策是否真的可以让金融监管者"高枕无忧"？金融监管改革可能带来哪些预期和非预期的效果？如何评估危机后新提出的杠杆率监管、流动性风险监管、逆周期资本缓冲和针对系统重要性金融机构的新型监管工具？这些工具应如何进一步细化和改进？监管者还可以设计哪些新的监管政策来降低金融体系风险、提高监管效率？

带着这些问题，我阅读了许多公开的研究报告和专著，但现有研究更多地着眼于介绍危机后金融监管框架的演变、讨论新监管工具出台背景或者梳理各国金融监管改革的最新实践，而真正运用严谨的经济学方法对新工具进行分析评估的研究仍然较少，涉及新金融监管政策设计的研究更是鲜见。本书结合金融监管改革最新实践，运用规范的经济学研究方法，对最新金融监管改革中的重点问题进行探讨，希望能对金融监管政策制定和金融业的稳健运行有所裨益。

本书的一大特点是将金融监管中的信息不对称问题纳入研究框架。现实中，金融机构与监管机构、金融机构与投资者以及金融机构之间都存在着严重的信息不对称。随着金融产品种类和结构日趋复杂，金融衍生品交易迅猛发展，金融机构的内部评级模型越来越不透明，信息不对称问题也日益突出，金融监管的效果更加复杂和不确定。事实上，危机前部分金融监管政策未能充分考虑信息不对称问题，是金融体系风险不断积累直到危机爆发的重要原因之一。一个典型的例子是，《巴塞尔协议 II》中允许部分银行使用内部评级法评估其资产风险，这一政策原本旨在使银行资本更加准确地反映银行资产风险，但它忽略了信息不对称下银行有操纵模型进而谎报风险的激励，反而给予了银行逃避监管的空间。由此可见，金融监管政策设计不能忽视信息不对称问题，否则其效果将大打折扣，很可能"事倍功半"或者"过犹不及"，甚至诱发金融机构追求高风险的行为，影响整个金融体系的稳定。

对我国而言，汲取全球金融危机的教训，借鉴国际金融监管改革最新成果，优化金融监管政策设计，对于深化金融改革，提高金融服务实体经济效率和支持经济转型的能力，有效防范和化解金融风险具有重要意义。当前，我国正在大力推进供给侧结构性改革，企业部门"去杠杆"和"去产能"的任务非常艰巨，矫正供需结构错配和要素配置扭曲都离不开金融支持。因此，在当前形势下我国更需要加强顶层设计，加快改革和完善金融监管框架，为金融发展保驾护航。2015年 12 月，中国人民银行研究构建了金融机构宏观审慎评估（Macro Prudential Assessment，MPA）体系，对金融机构的资本和杠杆情况、资产负债情况、流动性、定价行为、资产质量、外债风险、信贷政策执行等七大方面进行综合评估。相较于原有框架，MPA 是一种更加全面、更有弹性、更加有效的评估体系。与此同时，我国金融监管改革的政策设计仍处于不断完善的过程之中。随着我国金融体系不断深化，金融产品种类和结构日趋复杂，金融业开放水平稳步提高，金融监管中的信息不对称问题也会更加突出，加快与之相关的研究和探索更具重要性和紧迫性。

总之，金融监管改革远未止步，新金融监管需要研究和探索的问题依然很多。有些监管政策仍在讨论和完善的过程中，尚未完全落地生根，其政策实际效果究竟如何，还需要在实践中不断检验。从这一角度讲，本书的研究仅仅只是一个开端，希望以此促进更多关注金融监管政策设计和评估的研究，更好地服务于我国实体经济转型改革的大局。

需要说明的是，为更加严谨规范地对新监管政策进行经济学分析评估，本书引入了较多的数理模型，可能会在一定程度上增加本书的阅读难度，但新监管思想的精髓可以透过这些模型的逻辑推演得到更佳的体现，从而更好地为政策评估和设计提供启发。当然，由于作者能力和时间有限，本书难免存在这样或那样的不足或疏漏，恳请各位读者坦诚指出，不吝赐教，以期在今后的研究中不断改进，不断深入。本书内容仅代表作者个人学术观点，与供职单位无关，文责自负。

目　　录

第一章 导 论

第一节 背 景

现代金融监管在维护金融系统稳定、防范金融体系风险、保障经济金融健康发展等方面发挥着重要作用。2007～2008 年席卷全球的金融危机暴露出原有金融监管体系的缺陷，也催生了各国关于金融监管改革的空前大讨论。危机后的金融监管改革无论在深度上还是广度上都进行了重要尝试，这些改革不仅深刻影响着国际金融监管格局，也对我国金融监管改革的政策设计提供了重要的借鉴和启发。

危机后的新金融监管改革一方面继续修订和完善原有的资本充足率监管机制，提高最低资本要求，扩大监管资本风险覆盖范围，新设杠杆率等监管工具；另一方面也首次建立了流动性风险监管框架。与此同时，国际社会深刻认识到原先只关注单个金融机构的监管政策不能从系统性、逆周期的视角防范风险的积累和传播，因而危机后的金融监管改革围绕宏观审慎监管展开，在时间维度上，通过设立逆周期资本缓冲等手段抑制银行体系的顺周期性；在跨机构维度上，通过对系统重要性金融机构提出额外资本要求和总损失吸收能力等要求，降低整个金融体系的系统性风险。

尽管各国在推动和引导金融监管改革实践方面取得了一些进展，但无论是国内还是国外，金融监管相关的理论研究仍然落后于金融监管改革实践。危机后新提出的监管政策和新型监管工具对金融机构和金融体系风险的影响究竟如何，仍需进行深入的分析和评估。新型监管工具可能带来哪些预期和非预期的效果？这些工具应如何进一步细化和改进？监管者还可以设计哪些新的监管政策来降低金融体系风险、提高监管效率？这些问题亟待研究和解答。

与此同时，随着金融衍生品交易的种类和结构日趋复杂，金融监管中的信息不对称问题也日益突出。信息不对称体现在金融活动的各个方面，是金融监管中无法忽略的重要因素。首先，监管机构和金融机构之间存在信息不对称。金融机构常利用内部模型计算违约率、资产风险等核心信息，自由裁量权较大，监管者难以全面把握金融机构的经营状况。金融机构存在掩盖风险、逃避监管的动机。其次，金融机构之间存在信息不对称。银行间回购市场和衍生品交易的快速发展极大地增加了金融产品的复杂性，使金融机构的资产风险更难被观测，风险在金融机构之间的传播更加迅速。最后，信息不对称存在于金融机构与客户（如投资者、储户等）之间。目前，金融机构信息披露机制尚待完善，客户难以了解金融机构运营过程中的各类风险。这会对金融机构的资产收益和流动性状况产生重要影响，须引发监管机构的密切关注。

事实上，危机前部分金融监管政策未能充分考虑信息不对称问题，是金融体系风险不断积累直到危机爆发的重要原因之一。一个典型的例子是，危机前以《巴塞尔协议 II》为代表的金融监管框架允许部分银行使用内部评级法评估其资产风险，并根据资产风险留存相应资本。这一监管措施的设计初衷是使银行资本更加准确地反映银行资产的风险。但现实中，银行和监管者之间的信息不对称非常严重，银行有动机通过隐瞒自身真实风险的方式降低资本留存。一些实证研究表明，危机前部分银行确实通过策略性地操纵内部模型来隐瞒资产风险，旨在规范银行行为的金融监管政策反而给予了银行逃避监管的空间。由此可见，金融监管改革不能忽视信息不对称问题，否则金融监管的有效性将大打折扣，很可能"事倍功半"或者"过犹不及"，甚至诱发金融机构追求高风险的行为，影响整个金融体系的稳定。

对我国而言，"改革并完善适应现代金融市场发展的金融监管框架，健全符合我国国情和国际标准的监管规则"，既是"十三五"规划的重要改革内容，也是保障金融体系稳定、服务我国实体经济转型改革大局的重要基石。在当前形势下，我国更需要加强顶层设计，加快改革和完善金融监管框架，为金融发展保驾护航。2015 年 12 月，中国人民银行研究构建了金融机构宏观审慎评估（MPA）体系，对金融机构的资本和杠杆情况、资产负债情况、流动性、定价行为、资产质量、外债风险、信贷政策执行等七大方面进行综合评估。相较于原有框架，MPA 是一种更加全面、更有弹性、更加有效的评估体系。与此同时，我国金融监管改革的政策设计仍处于不断完善的过程之中。随着我国金融体系不断深化，金融产品种类和结构日趋复杂，金融业开放水平稳步提高，金融监管中的信息不对称问题也会更加突出，金融监管的效果也将更加复杂和不确定。

本书立足金融监管最新实践，在充分考虑信息不对称问题的基础上，对危机后的新金融监管政策进行分析评估，以实现对现行监管政策的优化。在此基础上，本书对新型监管政策的进一步细化和完善提出建议，并对最优监管政策的设计进行讨论，从而为我国新金融监管政策制定和完善提供参考，使之更有效地维护整个金融体系的稳定，更好地服务于我国实体经济转型改革的大局。

第二节　理论研究综述

一、金融危机前金融监管政策的演进

巴塞尔银行监管委员会①作为制定国际金融监管准则的重要机构，

---

① 1974 年底，十国集团的中央银行行长在瑞士巴塞尔成立了巴塞尔银行监管委员会（Basel Committee on Banking Supervision，BCBS），自此制定了一系列国际金融监管的文件。

在国际金融监管标准的逐步演进中发挥着重要作用。最初的巴塞尔资本协议①在金融监管方面主要强调资本充足率监管（minimum capital requirement）的作用，在随后的修订中，又增加了外部监管（supervisory review process）和市场约束（market discipline），以此构建了金融监管的三大支柱。早期关于金融监管的研究主要侧重于分析资本充足率监管对于金融机构行为和金融稳定的影响，近年来，针对外部监管和市场约束的研究有所增加。

（一）资本充足率监管研究综述

金融危机之前，不少研究已经从不同角度分析了资本充足率监管对金融机构行为的影响。这一领域的早期文献采用均值—方差资产组合（mean – variance approach）作为研究方法，比较有代表性的是 Kahane（1977）以及 Koehn 和 Santomero（1980）的研究。在他们的文章中，银行选择适当的资产组合以最大化其期望收益，加入资本充足率监管会影响银行的有效资产组合边界（efficient asset investment frontier），使银行调整其资产组合中不同资产的比重。他们发现，对于风险偏好较弱的银行而言，更严格的资本充足率监管会使其选择风险更高的资产，在一定条件下增加银行破产概率。因此，资本充足率监管对于银行体系风险的影响取决于经济中银行风险偏好的分布情况。值得指出的是，他们文章中的资本充足率监管其实是单一的杠杆率监管，资本留存不依赖于银行资产的风险状况。Kim 和 Santomero（1988）对此进行了拓展，提出监管者可以建立一套风险加权的资本充足率监管体系，对于高风险资产要求更高的资本留存。只要监管者正确设定风险权重，就能有效避免银行选择高风险资产的行为，从而降低金融体系的风险。

然而，Keeley 和 Furlong（1990）的文章对用均值—方差的资产组

---

① 1988 年 7 月，巴塞尔银行监管委员会公布了《关于统一国际银行资本衡量和资本标准的协议》。

合理论研究银行资本监管的方法提出了质疑。他们指出，如果考虑到存款保险制度的期权价值，资本充足率监管对于银行风险和收益的影响就不再是线性的，因此仅仅用收益的方差来衡量银行的风险是不够的。与之相近，Furlong 和 Keeley（1989）以及 Flannery（1989）的研究考虑了存款保险制度的期权价值，他们发现，当存在存款保险制度时，对银行施加一个更严格的资本充足率监管可以确定地降低银行资产的风险。黄宪等（2005）的文献对 Furlong 和 Keeley（1989）的研究进行了拓展，他们指出，更严格的资本充足率会使银行大幅降低风险较高的小企业贷款，而银行对大企业的贷款基本不受影响。

Rochet（1992）则从市场完备性的角度分析了资本充足率监管存在的意义。他发现，当存在存款保险制度并且市场处于完全竞争的环境时，资本充足率监管可能会增加银行破产的风险，此时，征收基于银行风险的存款保险保费是一种更为有效的监管方式。但在不完全竞争的环境下，只要资本充足率监管的风险权重与银行对系统风险（systematic risk）的贡献成正比，资本充足率监管就可以有效降低银行资产的风险。

但是，正如 Milne（2002）所指出的，研究资本充足率监管的早期文献忽略了一个重要问题，即银行作为一个具有前瞻性（forward looking）的决策主体，可以根据其对于资本充足率监管的预期作出决策。在这方面，Blum（1999）的文章通过建立动态模型考察银行对资本充足率监管的预期如何影响其行为。他的研究发现，银行对未来金融监管趋严的预期有可能导致其在前期承担更高风险，因此，资本充足率监管对银行的风险承担行为存在正反两方面的影响。Estrella（2004）也建立了动态模型研究资本充足率监管对银行行为的影响。他的研究发现，更严格的资本充足率监管可以使银行行为更加接近监管者所希望的行为，对不同资本的银行施以不同的监管强度可以更好地达到这一效果。

上述研究在对银行负债端的考察中假设了完全弹性的存款市场，而没有考虑银行对存款的竞争如何影响其行为。Hellman 等人（2000）在一个动态框架下关注垄断竞争的存款市场对银行道德风险的影响。他们指出，在一个仅有资本充足率监管而没有存款上限的竞争环境中，银行有动机通过提高存款利率来吸引更多存款以抢占市场，继而进行高风险投资。因此，监管者应当通过设定存款上限（deposit ceiling）来降低银行抢占市场的动机，从而提高银行特许经营权（franchise value）的价值①，鼓励银行审慎经营。Repullo（2004）对 Hellman 等人（2000）的模型进行了扩展，考虑空间垄断竞争对银行行为的影响，发现无论是资本充足率监管还是存款上限都可以降低银行体系的风险。但相对于存款上限，风险加权的资本充足率监管在规范银行行为方面更为有效。Repullo 和 Suarez（2004）从另一个角度对 Hellman 等人（2000）的模型进行拓展，引入了世代交叠（overlapping generation）的存款者。与 Repullo（2004）的基本结论相似，他们也发现资本充足率监管有助于减弱银行承担风险的动机，资本充足率是否采取风险加权的形式会对其效果产生重要影响。他们同时提出，当银行的市场力量（market power）最强时，资本充足率监管在降低银行风险方面的效果最好。

现实中，由于代理问题（agency problem）的存在，银行管理者的目标往往不同于股东的目标。银行管理者在做决策时会追求自身的收益而非银行的利润。这会对资本充足率监管的效果产生影响。Berger 等人（1995）的文章讨论了这一因素。在不对称信息下，银行的经理人、股东和债权人之间存在利益冲突。提高银行资本可以减弱股东和债权人之间的利益冲突，却同时加剧了股东和经理人的利益冲突。与此同时，不完美的资本充足率监管有可能造成银行间资源配置的无效率。Besanko 和 Kanatas（1996）的文章更详细地刻画了经理人和股东之间

---

① 在他们的文章中，特许经营权的价值体现在银行未来收入的折现值，其只有在银行持续经营时才有意义。

存在的利益冲突。由于代理问题的存在，银行经理人可能出现风险管理不审慎的情况，这也是金融监管存在的重要原因之一。与此同时，过高的监管成本可能导致监管纵容。

上述从信息不对称视角研究资本充足率监管的文献主要关注金融监管如何降低银行的道德风险行为，另一些研究则从降低逆向选择的角度研究资本充足率监管的作用。Morrison 和 White（2005）提出，当存款者难以区分不同银行的资产质量时，存款者的存款意愿低于社会最优水平，监管者应该通过适当的资本充足率监管提升存款意愿。监管者的监管能力会影响资本充足率监管的设计，监管能力较强的监管者更多通过事后监管的方式规范银行行为，其资本充足率监管标准可以较为宽松，而监管能力较弱的监管者则应施加更为严格的资本充足率监管。Thakor（1996）从逆向选择的视角提出资本充足率监管会影响银行的风险管理意愿，过于严格的资本充足率监管将提高银行的融资成本，进而造成银行对贷款人实施信贷配给，减少银行信贷总量。

（二）外部监管和市场约束的研究综述

尽管大部分文献主要关注资本充足率监管对银行行为的影响，另一些文献则强调了《巴塞尔协议Ⅱ》中第二支柱——外部监管的重要性。Milne（2002）从银行希望避免事后因违反资本充足率而受到惩罚的角度研究资本充足率监管的影响。他提出，严厉的事后惩罚可以有效规范银行的行为，相对而言，资本充足率监管的风险权重是否正确设定则没有那么重要。类似地，Prescott（2004）也指出，监管者可以依靠事后的监管审查来规范银行的行为。监管者应当重点监管宣称资产质量较高，因而资本留存较少的银行。同时，从节约审查成本的角度看，随机抽查式的事后审查优于确定性的事后审查。

Milne（2002）和 Prescott（2004）的研究分析了第二支柱和第一支柱之间的互补作用，Campbell 等人（1992）则发现两者在某些条件下存在相互替代效应。由于道德风险的存在，银行有过度冒险的动机，若不存在事后监督，监管者需要非常严格的资本充足率监管才能抑制银行的过度冒险行为，而这会造成效率损失。有效的事后监督可以降低抑制银行道德风险所需的资本充足率水平。因此，资本充足率监管和事后审查两者存在某种程度的替代性。

《巴塞尔协议Ⅱ》中的第三支柱强调市场约束的作用，旨在激励银行利益相关者（如银行股东、存款者、债权人等）出于维护自身利益的目的对银行行为加以约束和监督。由于银行利益相关者获取银行信息的主动途径是银行的信息披露，《巴塞尔协议Ⅱ》特别提出应提升银行信息披露的质量，拓宽银行信息披露的范围，提升银行的透明度。关于市场约束机制对银行行为的影响，BCBS（2015）提供了一个很好的理论综述，此处不再详细展开。

二、金融危机后金融监管政策的调整

金融危机的爆发使各国监管机构和专家学者深刻反思原有金融监管体制存在的弊端，也引发了国际社会关于新金融监管政策的大讨论。各国监管机构和国际组织纷纷提出新监管改革的倡议。其中比较有代表性的是巴塞尔银行监管委员会提出的一系列金融监管改革方案。2010 年 12 月，巴塞尔银行监管委员会发布了《巴塞尔协议Ⅲ：一个更稳健的银行及银行体系的全球监管框架》（以下简称《巴塞尔协议Ⅲ》。以《巴塞尔协议Ⅲ》为核心的金融监管改革一方面继续修订和完善资本充足率监管，如提高最低资本要求、扩大监管资本风险覆盖范围、新设杠杆率监管工具等，另一方面也首次建立了流动性风险监管框架。与此同时，新监管政策更加注重从系统性、逆周期的视角防范风险的积累和传播，从单家银行稳健性扩展到整个金融体系的稳定性。《巴塞尔协议Ⅲ》明确将逆周期因子引入了资本和流动性监管框架，并从金融体系风险内生性的视角对系统重要性金融机构提出了更高的资本和流动性要求。

（一）资本充足率监管的改进

《巴塞尔协议Ⅲ》重点对第一支柱下的资本充足率监管框架进行了改革以提升金融体系的稳健性。改革方案主要包括对监管资本在数量和质量两方面进行提升，扩大风险覆盖范围，并首次引入杠杆率监管标准，作为风险敏感的资本充足率监管政策的有效补充措施。

自《巴塞尔协议Ⅲ》提出杠杆率监管以来，一些文献已经开始探讨杠杆率监管对金融体系风险的影响。Jarrow（2013）比较了杠杆率监管和基于风险价值法（Value at Risk，VaR）的资本充足率监管的不同之处。他认为，通过杠杆率监管控制银行风险类似于通过抵押品和保证金等方式控制衍生品交易风险。最优的杠杆率监管应将银行在某一时期内的破产风险控制在一定范围之内。尽管用杠杆率控制银行破产风险的效果和用 VaR 控制银行破产风险的效果相似，但是由于杠杆率监管更容易被市场参与者接受，且便于在不同银行之间进行比较，监管者通过杠杆率监管来规范银行行为优于使用 VaR 资本监管标准。Kiema 和 Jokivuolle（2010）的研究从信贷供给和银行稳定性的角度分析了加入杠杆率监管的影响。他们发现，加入杠杆率监管对银行稳定性的影响存在不确定性，其具体效果取决于杠杆率水平、银行资产风险状况以及外部冲击的大小。较严格的杠杆率监管有助于提升银行体系应对外部冲击的能力，但较为宽松的杠杆率监管对银行体系稳健性的影响存在不确定性。

Spinassou（2012）的研究考虑了国际监管者和国内监管者同时存在的情况。在国际监管机构制定国际金融监管标准之后，本国监管者可以结合本国国情决定是否在国内实施杠杆率监管。监管者做决策时会权衡监管成本、社会信贷量以及银行破产可能造成的社会损失。他指出，加入杠杆率监管有助于提升银行体系的稳定性，但是过于严格的杠杆率监管会使资产质量较高的银行遭受损失，进而缩小金融体系的信贷规模，降低社会福利。由于不同国家监管机构的监管能力不同，杠杆率监管对于各国的影响也存在差异。

值得指出的是，上述文献在分析杠杆率监管的影响时并没有考虑信息不对称下银行谎报风险的动机。Mariathasan 和 Merrouche（2012）的文章为银行谎报风险的行为提供了实证支持。他们发现，在金融危机发生前夕，银行的风险加权资产（risk – weighted assets）与总资产的比例大幅下降，其原因是银行在《巴塞尔协议Ⅱ》的监管框架下"策略性地"使用内部模型对资产风险进行评估。他们的研究表明，在金融危机发生前夕，风险加权的资本充足率不是衡量银行偿债能力的一个较好指标，而杠杆率指标则能更好地反映银行出现危机的程度。进一步地，他们发现，由于一些国家①实施《巴塞尔协议Ⅱ》允许的内部评级法的时间较晚，在金融危机来临时还未允许银行实施内部评级法向监管者报告其风险，这些国家的风险加权资本充足率是衡量银行偿债能力的一个较好指标。这一结果为银行在《巴塞尔协议Ⅱ》的监管框架下通过策略性地操纵模型从而低报资产风险提供了实证支持。

仍有少数文献从信息不对称的角度分析了杠杆率监管的影响，其中较有代表性的是 Blum（2008）的文章。Blum（2008）在银行和监管者存在信息不对称的框架下研究了加入杠杆率监管对银行谎报风险的影响。按照《巴塞尔协议Ⅱ》中内部评级法的要求，银行需要事前向监管者汇报其资产的风险，监管者事后进行检查。他提出，当监管者事后无法完全监测银行行为时，资产风险较高的银行有可能伪装成资产风险较低的银行，从而减少资本留存。《巴塞尔协议Ⅱ》下的风险加权资本充足率监管无法完全消除银行谎报风险的激励。如果监管者在风险加权的资本充足率基础上引入杠杆率监管，只要杠杆率监管足够严格，高风险银行就有动机真实报告其风险，从而使资本留存达到社会合意水平。但是，Blum（2008）的文章并没有考虑引入杠杆率监管将使银行改变其资产的风险，因而未能分析杠杆率监管对金融体系风

---

① 比如美国、日本和韩国。

险的影响。Blum 的研究不涉及最优杠杆率监管的政策设计，也未将杠杆率监管与其他监管措施进行对比分析。本书第三章和第七章将对上述问题进行深入研究。

Kowalik（2012）的文章也考虑了银行和监管者之间的信息不对称问题。他提出，最优的资本充足率设计取决于银行是否可以在二级市场上出售资产。如果不存在二级市场且银行的资本成本较高时，风险加权的资本充足率优于单一杠杆率监管。但是当银行可以在二级市场上出售资产时，不依赖于风险权重的单一杠杆率监管成为最优的监管模式。但他的研究并没有考虑风险加权的资本充足率和杠杆率监管两者同时存在的情形，因而未能分析《巴塞尔协议Ⅲ》中在原有资本充足率监管之上新引入杠杆率监管对银行行为的影响。

（二）流动性风险监管

对流动性风险监管的研究离不开对金融市场流动性风险来源的讨论。存款者协调失效（coordination failure）导致的银行挤兑往往是重要的流动性冲击来源。Diamond 和 Dybvig（1983）最早讨论了银行存款者之间的协调问题，提出如果单个银行存款者认为其他存款者都会进行挤兑时，其最优策略也是进行挤兑。反之，如果单个银行存款者认为其他存款者不会进行挤兑时，其最优策略也是不进行挤兑。因此，存款者对其他存款者行为的预期在其中起着重要作用，如果存款者之间缺乏协调，就容易发生银行挤兑，而有效的存款保险制度有助于避免银行挤兑的发生。在此基础上，Cooper 和 Ross（1998）进一步提出，银行资产的流动性会对其负债的流动性产生影响。如果银行提前清算流动性资产的成本很大，为避免银行挤兑的发生，银行有动机持有额外的流动性。

上述文献从银行负债的角度讨论了存款者挤兑可能造成的流动性风险，事实上，银行在市场上竞相出售资产的行为也可能出现协调失效，造成资产价格下滑，增加银行的流动性风险。Morris 和 Shin

（2004）假设投资者会为市场交易行为设定一个止损点，规定资产价格一旦低于止损点就必须平仓止损。在他们的研究中，出售资产的行为会降低该资产的市场价格，进而对相似资产的持有者产生负外部性。他们发现，均衡时资产会被"预先出售"，即在资产价格高于止损点时投资者就会出售资产。与之相似，Bernardo 和 Welch（2004）的研究也发现，不同出售资产的行为之间存在策略互补，在理性预期均衡中，所有投资者在流动性冲击实现之前就纷纷率先出售资产。Ahnert（2014）从外部性的视角讨论了银行流动性监管的重要性。他们提出，流动性冲击发生时在市场上出售资产的银行数量越多，单位资产的价值越低，银行在金融市场上出售流动性资产的行为会对其他银行产生金钱上的负外部性（pecuniary externality），而银行事前持有较高的流动性资产对整个金融体系具有正的外部性。因此有必要施加适当的流动性监管要求，保证银行持有足够的流动性资产。

金融危机中，市场流动性和融资流动性相互作用形成的"流动性螺旋"（liquidity spiral）是造成流动性枯竭的重要原因。危机之后，越来越多的文献从市场流动性与融资流动性关系的角度讨论其相互作用。文献中一般用市场价格与其内在价值的偏离程度来衡量市场流动性，偏离程度越小表明资产的市场流动性越高；用金融机构在一定条件下可以获得的融资数量来衡量融资流动性，融资数量越多表明融资流动性越高。在讨论两种流动性的相互作用时，多数文献使用 Allen 和 Gale（1998）提出的"市场流动性总量"（cash in the market）的定价观念。短期内，当市场中流动性总量有限时，资产的均衡价格由市场中的流动性总量决定，市场中流动性越低，资产的均衡价格越低，与其真实价值的偏离程度越高，因而资产的市场流动性越低。Brunnermeier 和 Pederson（2008）提出，市场投机者的融资约束会影响市场中的流动性总量，进而影响市场流动性和融资流动性的相互作用。金融资产的市场流动性下降使投机者的自有资本出现损失，进而通过"资本损失螺旋"（loss spiral）降低其融资流动性。与此同时，金融交易中的保证金机制放大了流动性冲击的负面作用。当资产价格降低时，资金提供方往往会提高保证金要求，从而通过"保证金螺旋"（margin spiral）进一步降低融资流动性。两者共同导致了"流动性螺旋"，使金融机构初始受到的较小流动性冲击最终导致整个金融体系流动性的枯竭。

Acharya 和 Viswanathan（2011）研究了金融体系中初始资本结构不同对资产的市场流动性的影响。由于金融机构"借短贷长"的特性，银行需要在长期资产未到期前通过发行新债来偿还到期债务。当金融机构无法发行足够多的新债时，其不得不向杠杆率较低的机构出售其长期资产，进行"去杠杆"。如果经济中总杠杆水平较高，金融机构出售资产的行为将会引发较大规模的"去杠杆"，进一步降低资产的均衡价格。Acharya 和 Skeie（2011）讨论了流动性提供者的资产负债表结构对流动性的影响，提出如果银行资产的流动性较差或者短期负债比例较高，资金贷出方会降低其放贷意愿，以确保拥有足够的流动性偿还即将到期的短期债务。此时银行间借贷市场的流动性总供给将下降，从而降低资产的均衡价格。

上述文献在完全信息的视角下分析了流动性问题，金融危机之后，一些文献开始从信息不对称的视角分析市场中的流动性。Plantin（2009）假设证券投资者通过持有证券可以获得关于证券的私人信息，属于有信息优势的"内部投资者"。证券在内部投资者之间进行交易时市场价值不会受到逆向选择问题的影响。但当内部投资者较少时，证券只能以较低价格出售给没有相关信息的"外部投资者"，造成市场流动性下降。Heider 等人（2015）提出，银行间借贷市场的存在有助于平滑银行遭受的流动性冲击，但当买卖双方对借款银行的违约概率存在信息不对称时，违约概率低的银行会退出借贷市场，转而通过出售长期资产获得流动性。此时银行间借贷市场的平滑作用有所削弱。Malherbe（2014）提出，在信息不对称的情况下，金融机构持有现金可能产生负的外部性，加剧未来长期资产市场的逆向选择问题，因为较高的现金持有量表明卖方出售资产更可能是基于出售劣质资产的动机，而非出于流动性需求，因此均衡时资产价格将相应降低。Bolton 等人（2014）讨论了内部流动性（银行自身持有的流动性资产）和外部流动性（银行通过出售长期资产获得的流动性）对于均衡的影响。在他们的研究中，银行会随着时间的推移慢慢获得更多的资产质量信息。因此，银行和潜在资产买家的信息不对称程度会不断加重，潜在资产买家对资产的购买意愿不断下降。在一定条件下，银行会在流动性冲击实现之前就提前出售过多长期资产，导致资产的市场价格过低。

（三）逆周期资本缓冲

在监管理念方面，金融危机之前的大多数学者主要停留在微观审慎监管的层面，关注单个金融机构的个体风险，而对于金融体系整体风险的关注比较少。少数学者对于金融体系整体风险的讨论也大多限于观念层面，比如 Crockett（2000）提出了宏观审慎监管的理念，强调对于单个机构合意的行为可能在宏观层面上不利于金融体系的稳定。在此基础上，Borio（2003）提出了宏观审慎监管的两个维度。一个是时间维度，金融风险可能在金融体系内不断累积，并通过金融体系和实体经济之间的相互作用不断扩大；另一个是跨机构维度，单个金融机构的风险可能通过一系列传染机制扩散到金融系统中。

在时间维度方面，不少文献提出了《巴塞尔协议Ⅱ》中的资本充足率监管会加剧经济的周期性波动，即具有顺周期性。Bangia 等人（2000）指出，银行内部模型中的各项参数具有比较明显的顺周期性，比如违约概率（probability of default）、违约损失（loss given default）等。Lowe（2002）以及 Allen 和 Saunders（2003）的文献指出，当银行使用内部评级法计算风险权重时，给定其他条件相同，在经济繁荣时期银行资产的风险权重降低，而在经济衰退时期银行资产的风险权重升高，易造成银行在繁荣时期进行信贷扩张，在衰退时期进行信贷紧缩，引发经济周期性波动。Blum 和 Hellwig（1995）的理论文章支持了资本充足率监管会加剧经济波动的结论。他们提出，在严格的资本充足率约束下，当经济受到外生冲击时，如果所有银行都缩减贷款，将会降低经济的总体投资需求，从而影响企业从当期投资中得到的现金流，当企业的还款能力削弱时，银行放贷的收益也将受到影响，从而将冲击在经济体内不断放大，导致更大的经济波动。Cecchetti 和 Li（2005）对 Blum 和 Hellwig（1995）的模型进行扩展，进一步指出当中央银行存在时，银行的资本充足率要求不仅放大了需求面的冲击，也放大了供给面的冲击。

一些文献建议采取动态调整的资本监管要求来降低《巴塞尔协议 Ⅱ》顺周期的特性，通过在经济繁荣期提高银行的资本要求，在经济衰退期降低银行的资本要求，缓解紧缩时期出现的过度收缩（Gersbach 和 Wehrspohn，2001；Estrella，2001；Shleifer 和 Vishny，2010）。Kashyap 和 Stein（2004）的文章指出，《巴塞尔协议 Ⅱ》中不随时间而变化的风险权重并不是社会最优的。监管者在做决策时不仅要降低银行的破产概率，也要保障经济运行的效率，尤其是当资本相对于经济中的投资机会比较稀缺时。他们提出，应在经济繁荣期制定较高的资本要求而在经济衰退期放宽资本要求。Pennacchi（2005）提出，可以通过对资本不足的银行收取更高的存款保险保费的方式来弱化资本监管的顺周期效应。

在《巴塞尔协议 Ⅲ》提出逆周期资本缓冲的监管措施之后，一些理论研究从不同角度对逆周期资本缓冲作了探讨。Jokivuolle 等人（2013）提出，当信贷市场存在的逆向选择问题可能导致市场失灵时，风险加权的资本充足率监管可以部分缓解市场失灵，增进社会福利。在经济下行时期，市场失灵的程度有所下降，因此，最优的资本充足率监管应在经济下行时较为宽松，在经济繁荣时期较为严格，即具有逆周期性质。Aikman 等人（2011）考虑了银行和外部投资者之间的信息不对称。他们提出，资产质量较差的银行会有激励伪装成资产质量较好的银行，以吸引更多投资。在经济形势向好时，银行有更强的激励伪装成资产质量较好的银行，在一定参数条件下，采用逆周期资本监管可以提高银行融资的成本，进而降低银行伪装的动机。但是，过于严格的资本充足率监管对资产质量较好的银行而言是一种成本，因此监管者应在正反两方面作用下寻求平衡。他们同时指出，当监管者发现经济形势有恶化的趋势时，应当主动向社会公开信息，这有助于降低银行伪装的激励，提升整体社会福利。Lorenzoni（2008）通过分析一个竞争性的经济体遭遇金融冲击后的福利变化，提出竞争性的金融市场可能造成事前的过度放贷和事后的过度波动，导致整个社会的无效率。因此，他提倡在信贷扩张时采取严格的监管政策，以降低金融危机发生时可能的预期损失。这与逆周期资本监管缓冲的思想是一致的。

另一些文献则从不同的角度指出了逆周期资本缓冲可能存在的问题。Kim 和 Mangla（2011）的文章对逆周期资本缓冲工具提出了挑战。他们提出，在影子银行体系存在的情况下，银行可以自由选择成为商业银行或者"影子"银行。商业银行受资本充足率监管约束，但在存款保险制度下可以获得成本低廉的融资，"影子"银行不受资本监管，但也没有存款保险制度作为保障。逆周期资本缓冲工具在经济繁荣期施加更严格的资本约束，将使更多银行愿意成为"影子"银行，从而提升金融体系的风险。因此，为了防范系统性风险，经济繁荣期应当适当放松资本管制，使更多银行受到资本充足率的约束。

Dewatripont 和 Tirole（2012）的文献从不完全契约和公司控制权分配的角度探讨了逆周期监管工具，认为将公司控制权交给外部投资者有助于约束银行管理者的行为。他们指出，现有的监管工具在经济下行期监管过于严格而在经济繁荣期监管过于宽松，不能有效地应对宏观经济风险。当经济中的正向冲击和负向冲击可以彼此抵消时，逆周期资本缓冲在应对冲击时是有效的；否则，监管者应采取或有资本

（contingent capital）和资本保险（capital insurance）等其他更加有效的监管措施。

Horvath 和 Wagner（2013）指出，逆周期资本缓冲工具在降低顺周期问题的同时，可能会造成更严重的系统性风险问题。他们提出，资本充足率监管可以提高银行风险管理的积极性。在经济形势较差时，经济中资本较为稀缺，激励银行进行风险管理所需的资本成本较高，因此，在经济低迷期应该适当放宽资本充足率监管。但是，逆周期资本缓冲可能使银行有动机投资与宏观经济形势相关度很高的项目，这将增加整个银行体系的系统性风险。Repullo 和 Saurina（2011）对逆周期资本缓冲的衡量方法提出质疑。他们认为，《巴塞尔协议Ⅲ》下的逆周期资本缓冲利用信贷与 GDP 的比值作为经济周期的衡量指标，很可能导致在 GDP 增长率较高时放松了资本充足率监管，而在 GDP 增长率较低时提高了资本充足率监管，因而进一步增大了资本监管的顺周期性。他们提出，监管者应当基于 GDP 增长率来构建一套指标，以平滑资本充足率在不同经济时期的波动。

（四）系统性风险和系统重要性金融机构的附加资本监管

金融危机之前，一些文献已经从金融体系之间相互传染的角度对系统性风险进行了探讨。Allen 和 Gale（2000）以及 Freixas 等人（2000）的模型较早地刻画了金融危机在不同金融体系之间的传染。他们指出，银行之间相互关联虽然可以分散特定区域的风险，但同时也使整个经济体在遭受未预期的冲击时变得更加脆弱。Dasgupta（2004）表明不同银行为了应对区域性的流动性冲击可能相互持有存款，但是相互关联的流动性冲击有可能导致银行接连倒闭。Goldstein 和 Pauzner（2004）指出，当投资者分散持有不同国家的资产组合时，由于财富效应的存在，危机将在不同国家间相互传染，一国的负面冲击会降低投资者的财富，并且使他们更加厌恶风险，而这有可能使他们从其他国家撤回资产，从而导致危机的扩散。Allen 和 Carletti（2006）以及 Allen 和 Gale（2005）考虑了不同金融行业之间的相互传染。当银行和保险公司使用信用风险转移工具（credit risk transfer）分散风险时，保险行业的损失有可能扩散到银行业。这是因为金融行业往往持有相似的资产，当保险公司遭遇危机不得不通过出售资产进行偿债时，金融资产的价格下降，这有可能引发更多银行破产。Allen 等人（2009）的综述性文章回顾了之前文献对于金融系统性风险的讨论。

金融危机过后，越来越多的学者开始关注金融机构之间不同的关联形式对于系统性风险的影响。Acemoglu 等人（2013）的文章比较了不同金融网络（financial network）对危机传播范围的影响。他们发现，当银行通过银行间市场的借贷相互关联时，如果金融体系遭遇的外生冲击较小，一个更加完整的金融网络结构能够增强系统的稳定性，但是当外生冲击较大时，银行间更广泛的关联会将危机传导至更多的银行，从而增加整个金融体系的脆弱性。此时，环状（ring）或者完全（complete）的金融网络都非常脆弱，最优的金融结构应介于环状和完全之间。他们同时指出，金融机构在作决策时只考虑与之相连的金融机构，而并没有考虑其行为对金融体系内其他金融结构的影响，因此其行为对整个金融体系存在负外部性。Allen 等人（2010）的文章也分析了金融网络中银行的相互关联对系统性风险的影响。他们指出，银行之间相互关联可以分散其个体风险，其相互关联的形式可能有两种，分别是簇连接（clustered network）和环连接（unclustered network）。他们比较了不同的金融网络下投资者决策的不同，发现银行违约风险在簇连接中更加集中，此时投资者更不愿意向银行提供融资。

金融危机之后，监管者对于系统性风险和宏观审慎监管的重视程度日益升高，越来越多的学者认识到宏观审慎监管对维护金融稳定和防范系统性风险的重要意义。事实上，由于微观审慎监管和宏观审慎监管的着眼点不同，某些在微观层面合意的银行行为却可能在宏观层面引发系统性风险。Wagner（2010）指出，虽然银行持有多样化的资

产 （diversification） 可以降低单个金融机构破产的风险，但这一做法可能会增加金融体系整体的风险。因此，最优的金融监管设计需要权衡分散个体风险的好处和增大整体风险的弊端。由于分散个体风险的边际收益递减，当分散程度已经达到一定水平时，进一步分散个体风险就不再是明智之举。

但是，对于宏观审慎监管的具体形式，不同学者之间仍然存在分歧。Korinek （2012） 提出可以通过对银行承担风险行为征税的方式降低系统性风险。在危机来临时，银行会被迫变卖资产导致资产价格下降，这对于其他银行而言具有金钱上的负外部性（pecuniary externality）。由于单个银行作决策时不会考虑其行为对其他银行的负外部性，银行在事前往往承担了过多的风险。Korinek 的文章提出了针对这种外部性定价的定价核（pricing kernel），认为监管者可以根据定价核对银行承担风险的行为进行征税，使银行承担风险的私人成本和社会成本趋同，从而提升社会福利。与之类似，Zawadowski （2013） 建议监管者对柜台 （over－the－counter, OTC） 交易征税，并用税收收入组建救助基金。他提出，在一个相互关联的金融体系中，银行之间可以通过柜台交易对冲其资产组合风险 （portfolio risk），但是银行没有激励对冲交易对手风险 （counterparty risk），因为银行作决策时不会考虑其对冲风险的行为对其他银行和金融体系的影响。因此，单个银行倒闭有可能造成银行体系的挤兑。监管者可以通过对银行柜台交易征税并用税收救助困难银行的方法提升社会福利。

但是，Masciandaro 和 Passarelli （2013） 的文章则提出了不同的观点。他们认为，尽管外部性征税的方式在其他领域较为常用，但在金融领域却应采取金融监管而非征税的方式。他们从政治经济学的角度对此提出了解释。由于经济中大多数银行资产质量较好，如果监管者选择对金融机构征税，由于税收自身的递减特性 （regressive effects），其负担大多由资产质量较好的银行承担，因此经济中的大部分银行将排斥这种做法。与之相对，如果监管者选择对金融机构实施监管，大部分银行将会非常欢迎这一做法，因为此时监管成本将更多地由经济中少数资产质量较差的银行来承担。此时，监管者可以实行较严格的金融监管，有效降低系统性风险。

Chan－Lau（2010）进一步提出，应根据不同金融机构对系统性风险的贡献度施加不同的资本监管。他指出，银行之间的相互关联是系统性风险的重要来源之一，对于金融机构的资本充足率监管应基于它与其他金融机构的关联程度。这种做法既可以将金融机构破产导致的负外部性内部化，又可以降低重要金融机构的破产概率，还可以避免金融体系过度依赖某一家或某几家重要金融机构。在此基础上，Huang等人（2012）具体提出了不同金融机构对系统性风险贡献度的衡量指标。他们建议用保护银行债权人免受银行破产损失的保险费作为系统性风险的衡量指标。这一指标汇总了市场参与者对银行各类风险的预期，可以识别出系统性风险的来源以及各个金融机构对系统性风险的贡献。基于这一指标，监管者可以识别出系统重要性金融机构并向不同机构施加不同的资本充足率监管，从而为监管者在个体银行层面实施宏观审慎监管奠定了基础。

上述文献大多把金融体系的系统性风险当做既定存在的，研究应该如何对系统性风险施加宏观审慎监管。Gauthier 等人（2012）则提出，不论是金融体系的个体风险还是整体风险都会受到审慎监管的影响。换言之，系统性风险内生于银行的资本充足率监管。因此，他们的文章采用不动点（fixed point）的方法循环求解，均衡时每家银行留存的资本量恰好等于监管者要求这家银行按照其对金融体系风险的贡献应该留存的资本量，从而使宏观审慎监管具有一致性（consistency）。根据他们的研究结果，按照不动点方法计算的银行应留资本与按照传统方法计算的结果有较大差异，实施按照不动点方法计算的宏观审慎监管可以更有效地降低银行体系的风险。

　　与巴塞尔银行监管委员会提出的针对系统重要性银行的监管不同，Acharya 和 Oncii（2013）提出，监管者的关注重点应在放在资产和负债层面，而非金融机构的个体层面。他们提出了系统重要性资产和负债（Systemically Important Assets and Liabilities，SIALs）的概念，认为不论金融机构本身是否重要，只要其持有的资产或者负债对于整个金融体系是重要的，就应该受到更严格的监管。同时，当一个系统重要性金融机构面临危机时，监管者只需对 SIALs 进行特殊的监管和救助措施，其他的资产和负债可以按照正常的市场程序实施。他们提出，相对于系统重要性银行的概念，SIALs 不要求在全球范围内对重要金融机构的监管和救助措施达成共识，从而有助于减轻监管阻力，是一种简单可行的有效措施。

三、现有研究和实践评述

　　金融危机之前的文献大多从微观审慎的视角讨论单个金融机构在单一时点上的金融监管，从宏观审慎的视角研究金融体系整体风险的研究较少。金融危机后，国际金融监管实践一方面继续改进和完善微观审慎监管，如新设杠杆率监管新工具，引入流动性风险监管等①，另一方面也在时间维度和跨机构维度建立了宏观审慎监管框架，提出了逆周期资本缓冲、系统重要性金融机构附加资本监管等新监管政策。那么，这些新金融监管政策的效果如何？新政策将对金融机构的行为和金融体系风险产生什么影响？新型监管工具应如何在实践中不断完善？这些问题亟待研究和解答。

　　在评估新监管政策的效果和影响时，一个不可忽略的因素是金融监管中的信息不对称问题。从理论上讲，金融监管存在的重要原因之

---

　　① 目前，对于新设立的杠杆率监管和流动性风险监管属于微观审慎监管范畴还是宏观审慎监管范畴仍存在一定争议。本书中将杠杆率监管和流动性风险监管划为微观审慎监管的范畴，本书中的宏观审慎监管主要围绕时间维度和跨机构维度的监管工具展开。

一是缓解金融系统中信息不对称问题造成的市场失灵，但实践中，金融危机前的监管政策在降低信息不对称程度、防范金融风险方面做得还远远不够。一个典型的例子是，《巴塞尔协议Ⅱ》允许一些符合要求的银行使用内部评级法自行评估资产风险，评估结束后向监管机构报告评估结果，并据此留存相应资本（BCBS，2001）。内部评级法的提出背景与金融危机前的"轻触式"监管理念一脉相承，其逻辑在于"没有机构能比银行自身更加了解其风险，因此内部评级法能使资本充足率监管更好地反映银行资产的潜在风险"（BCBS，2001）。

尽管监管者提出这一政策时有着良好初衷，但现实中，银行的资产负债表往往高度不透明，内部评级模型的复杂程度不断提升，银行和监管者之间的信息不对称问题非常严重。正如 Blundell - Wignall 和 Atkinson（2008）所指出的，银行在经营过程中会想尽办法减少监管措施对银行盈利的负面影响。因此，当银行和监管者之间存在信息不对称时，追求自身利润最大化的银行有动机通过隐瞒自身真实风险或通过监管套利等方式减少其资本留存。在资本不足的情形下，一旦出现风险事件，金融体系的脆弱性就很容易凸显，进而威胁整个金融体系的稳定。

金融危机后，越来越多的研究开始反思危机前监管政策的不足之处，讨论宏观审慎监管的重要意义，梳理各国金融监管改革的最新实践。但是，真正运用规范严谨的经济学方法对新监管政策进行分析评估的研究仍然为数不多，而将信息不对称因素纳入考量的研究更是鲜见①。本书结合国内外金融监管改革最新实践，运用规范的经济学方法，在充分考虑信息不对称问题的基础上，对杠杆率监管、流动性风险监管、逆周期资本缓冲、系统重要性金融机构附加资本监管等新监管工具进行分析评估，并在此基础上设计了新型监管工具。从这一角

---

① 谢平和邹传伟（2013）从外部性的角度建模分析了危机后出台的部分宏观审慎监管政策，但在其分析中没有涉及金融体系中存在的信息不对称。

度讲，本书的研究既为危机后新出台的监管政策提供了一定的理论基础，又为其进一步细化和完善提出建议，也为新型监管工具的设计提供了思路。

第三节　本书逻辑结构、研究方法及主要创新

一、逻辑结构

本书一共分为八章。第一章为导论。包括选题背景、理论研究综述和逻辑结构及主要创新。通过分析现实背景和写作动机折射出本选题的理论价值和现实意义，在梳理现有文献的基础上展现金融监管理论研究的演进脉络，在对比中提出本书的创新之处：本书与现有研究的主要区别在于充分考虑了金融监管中的信息不对称问题，在此基础上对危机后的新监管政策进行较为系统的分析评估，为新监管政策的设计提供启发。

第二章综述了金融危机之后国际金融监管改革的新政策，重点分析了新监管政策的提出背景和主要改革措施。新的监管政策在继续完善资本监管的基础上，首次建立了国际统一的流动性监管框架，以更好地管理流动性风险。同时，通过设立逆周期资本缓冲等监管工具抑制银行体系的顺周期性，通过对系统重要性金融机构设立附加资本要求和总损失吸收能力要求防范系统性风险。这一章划定了本书的研究范围，为后续章节做好铺垫。

第三章至第六章依次对资本充足率监管、流动性风险监管、逆周期监管和系统重要性金融机构监管进行了经济学分析。在对这些监管政策进行分析评估时，本书首先提出完全信息下社会最优的资源配置，然后讨论当存在信息不对称时，金融机构的行为将如何偏离社会最优情形。在此基础上，本书评估了新监管政策对金融机构行为和金融稳

定的影响，并提出新监管政策的最优设计建议。因此，本书的研究不仅为新监管政策提供了理论基础，也为新监管工具的进一步细化和完善提供了启示。

具体而言，第三章在梳理最新国际实践的基础上，讨论危机前的风险加权资本充足率监管存在的问题，探究杠杆率监管的加入对银行行为和金融体系风险的短期和长期影响，并提出了最优的杠杆率监管政策。第四章在深入剖析金融危机爆发原因的基础上分析引入流动性监管的必要性，讨论了不同情形下流动性监管对金融体系的影响，提出流动性监管的最优政策设计。第五章分析了危机前资本充足率监管的顺周期性，提出了逆周期资本缓冲的必要性，分析其对金融体系的影响，并对这一监管工具的进一步细化和完善提出建议。第六章分析了系统重要性金融机构的内在形成动因，提出信息不对称下经济中多重均衡存在的可能性，分析了系统重要性金融机构附加资本监管的原因及影响，并对其政策设计提出建议。

第七章在评估新监管政策的基础上，提出一种可供监管者参考借鉴的新型监管工具。本书称其为"激励相容的风险加权资本充足率监管"。这一新型监管工具有助于缓解金融监管的信息不对称问题，提高监管效率，增进社会福利，且在一定条件下优于现已提出的金融监管政策。

第八章是结论和政策建议。该章总结了本书的主要结论，在此基础上对我国进一步推进金融监管改革提出政策建议。

二、研究方法

分析评估特定监管政策的有效性是一项较为复杂和困难的工作，一般而言可采取两种研究方法。一是对政策实施后相关金融数据的变化进行实证研究，定量评估新监管政策的影响，二是从金融机构行为变化、监管者与被监管者行为互动以及监管套利的可能性等角度进行理论建模，定性评估监管政策的有效性。就目前而言有些新金融监管政策刚刚出台不久，尚未落地生根，政策相关金融数据的可得性较为有限，对实证研究的严谨性形成一定制约。因此，本书更多采取第二种方法，即通过理论建模来定性评估监管政策的有效性。与此同时，本书通过数值模拟的方式比较了不同监管政策下社会福利的变化，从而为新金融监管政策的优化设计提供了启发。

三、主要创新

本书立足金融监管最新实践，运用严谨规范的经济学方法，对危机后的新金融监管政策进行较为系统的分析评估，并对杠杆率监管、流动性风险监管、逆周期资本缓冲、系统重要性金融机构附加资本监管等主要监管工具的进一步细化和完善提出建议，以实现对现行监管政策的优化。

本书对金融监管政策的分析评估充分考虑了金融体系中存在的信息不对称，而现有研究往往忽视了这一重要问题。本书的结论表明，金融监管改革不能忽视信息不对称问题，否则其效果将大打折扣，很可能"事倍功半"或者"过犹不及"，甚至诱发金融机构追求高风险的行为，影响整个金融体系的稳定。

本书的贡献还在于首次提出了一种新型监管工具——激励相容的资本充足率监管。这一新型监管工具有助于缓解金融体系中的信息不对称问题，提高监管效率，增进社会福利，且在一定条件下优于现已提出的金融监管政策。因此，本书也为新金融监管政策的设计提供了启发和参考。

第二章 危机后的新金融监管政策

第一节 危机暴露出原有监管政策的诸多缺陷

金融危机的爆发凸显了危机前监管政策的诸多不足之处，如给予银行过大自主权、未能有效规范银行追求高风险的行为，对顺周期效应、系统性风险考虑不足等。这些监管漏洞客观上造成危机前金融风险的不断累积，最终演变成一场席卷全球的金融危机。总体来说，危机前金融监管的局限性主要表现在以下几方面。

第一，《巴塞尔协议 II》中的资本充足率监管给予银行过大的自主权，存在重大监管真空。《巴塞尔协议 II》的特点之一在于引入内部评级法，即允许部分符合要求的银行使用内部模型自行评估资产风险①。银行向监管者汇报评估结果并据此留存相应资本，监管者通过外部监管审查实施事后监督。由于银行和监管者之间的信息不对称问题非常严重，这一政策给了银行过大的自主裁量权，使银行有动机通过策略性地操纵模型隐瞒资产风险，导致资本留存不足。对于未使用内部评级法②的银行而言，《巴塞尔协议 II》中也存在对表外资产风险覆盖不足的缺陷。部分银行通过资产证券化等方式将表内业务转移至表外，从而使部分高风险金融衍生产品的风险难以控制。金融危机之前，不少银行通过类似的监管套利逃避资本充足率监管，导致银行体系风险

---

① 具体而言，银行使用各自的内部风险评估模型计算出违约概率（PD）、违约损失率（LGD）、违约风险暴露（EAD）和期限（M）等风险参数，并把这些风险参数输入其内部评级模型，进而计算出风险权重，然后计算出最低资本要求。

② 比如使用标准法的银行。

不断增加，一定程度上削弱了金融监管的有效性。

第二，原有的资本充足率监管具有较强的顺周期性。对于采用标准法的银行而言，其主要通过外部评级确定资本充足率监管的风险权重，但外部评级具有一定的顺周期特征，比如经济衰退时部分评级机构会调降风险评级，从而导致经济衰退期银行面临更大的资本缺口。对于采用内部评级法的银行而言，由于内部评级模型所使用的风险参数具有周期性波动的特征，这些风险参数通过特定的权重函数映射为计量资本的风险权重，因此资本充足率监管也具有了顺周期的特征。与此同时，公允价值会计准则也在一定程度上加剧了顺周期性。公允价值是指在公平交易中，熟悉情况的交易双方自愿进行资产交换或者债务清偿的金额。根据公允价值会计准则，如果资产有流动性良好的二级市场，应使用二级市场交易价格对资产计价，称为"按市值计价"（mark to market），如果没有流动性良好的二级市场，则以相同或相似资产为基础确定金融资产价值，称为"按模型计价"（mark to model）。公允价值会计准则引发的顺周期性主要体现为：当资产价格下跌时，公允价值会计准则下的资产市值下跌，引发市场参与者的抛售行为，而这会导致资产价格的进一步下跌，形成恶性循环，从而加剧金融监管的顺周期性。

第三，危机前的监管框架难以有效防范系统性风险。随着经济全球化和金融自由化的不断推进，金融机构由分业经营逐渐向混业经营转化，在此过程中诞生了一些规模庞大、结构复杂、产品丰富的大型金融机构。这些金融机构在金融市场中占有举足轻重的地位，与市场中其他金融机构关联度很高，其庞大的规模和过高的市场集中度使整个金融体系无法承担这些大型金融机构倒闭带来的损失。因此，这些"太大而不能倒"的金融机构存在严重的道德风险问题，并因其规模庞大、关联度高，加剧了整个金融体系的系统性风险。如果这类金融机构因经营不善而濒临破产，其潜在损失有可能超过政府的救助能力，进而造成市场信心的崩塌，使金融恐慌不断蔓延。与此同时，随着金融机构之间的相互关联程度不断加强，其共同风险暴露日益趋同，风险在不同金融机构之间更加易于传播。如果单个金融机构的稳健性出了问题，很可能形成"多米诺骨牌效应"，影响整个金融体系的稳定。但是，危机前的金融监管政策更多关注单个金融机构的稳健性，对金融风险的传染和防范不足，也没有因大型金融机构具有系统重要性而加强对其金融监管。金融监管政策的内在缺陷是金融机构风险暴露并迅速蔓延至整个金融系统的重要原因之一。

此外，危机前的监管框架对资本质量要求不高、对交易账户风险控制不足、对"影子银行"体系风险缺乏有效控制等因素都在一定程度上加剧了金融体系的风险。

国际金融危机的爆发使各国监管机构深刻认识到加强和完善金融监管政策的重要性和紧迫性。危机之后，国际社会对金融监管改革进行了积极的探索。2009 年，G20 峰会正式发布了《关于加强金融体系的声明》[1]，宣布成立金融稳定理事会（Financial Stability Board，FSB）作为促进全球稳定的国际组织。2009 年 7 月，巴塞尔银行监管委员会对危机前的监管政策做了大幅度修改和完善，在进一步完善资本充足率监管的基础上，提出流动性风险管理，并强化了对金融机构的逆周期资本监管和系统重要性金融机构的监管。此外，新的金融监管政策还对跨境危机处理、修订会计准则等方面进行了规定。

关于新监管政策的分类，不同机构和学者之间尚未达成共识。由于对原有资本监管的进一步完善和新引入的流动性监管风险监管政策旨在提高单个金融机构应对经济金融风险的能力，本书将其划入微观审慎监管范畴。对于逆周期监管政策和针对系统重要性金融机构的监管措施，其主要从宏观层面降低潜在的系统性风险对整个金融业的影响，本书将其划入宏观审慎监管的范畴。本章后两节将重点分析这些

---

① G20, Declaration on Strengthening the Financial System, London Summit, 2 April 2009.

新监管政策出台的背景、原因和主要内容。

第二节　微观审慎监管的内在逻辑和主要改革措施

一、资本充足率监管

银行资本充足率监管作为金融审慎监管的重要组成部分，一直是监管机构关注的重点。银行资本充足率监管在防范银行风险中的作用主要体现在以下两方面。一是在银行遭受损失时发挥缓冲器（buffer）的作用。由于银行资本价值下降到零之后，银行债权人才开始承担损失，适宜的资本充足率要求可以降低银行的破产风险，吸收潜在的经营损失，对存款者和其他债权人起到一定的保护作用。二是降低银行的道德风险（moral hazard）。在银行留存资本不足的情形下，银行有较强的资产替代（asset substitution）动机[1]，即过度追求高风险高收益的投资，加剧银行体系的风险。因此，适当的资本充足率监管对于维护整个金融系统的稳定性具有重要意义。

尽管资本充足率监管已经受到学界和监管机构的较高关注，2008年席卷全球的金融危机暴露出危机前的资本监管政策仍然存在若干问题[2]。在金融危机中，一些银行看似拥有较为充裕的资本，但当危机真正来临时，其脆弱性暴露无遗。这其中的一个重要原因是，危机前的银行监管采用《巴塞尔协议Ⅱ》规定的风险加权资本充足率要求，要求银行按照其资产风险留存相应资本。这一监管要求旨在使银行的资本充足率监管更为准确地反映银行资产的潜在风险。在现实执行中，《巴塞尔协议Ⅱ》给予银行评估自身风险状况很大的自主权，允许一些

---

[1]　Bhattacharya（1982）、Rochet（1992）、Holmstrom 和 Tirole（1997）对银行的资产替代动机进行了理论探讨。

[2]　Hanson 等人（2011）和 Kashyap 等人（2009）对此作了较好的综述。

符合要求的银行使用内部评级法评估风险，并将评估结果向监管当局汇报（BCBS，2001），监管当局依赖事后的逆向监测机制（backward testing mechanism）对银行行为加以监督。但是，现实中银行的资产负债表往往不透明。银行和监管者之间的信息不对称问题较为严重，追求自身利益最大化的银行有动机对内部评级模型进行操控，进而出现瞒报风险，留存资本过少的情形。通过对银行各项指标的研究，一些证据确实表明一些银行在《巴塞尔协议Ⅱ》下通过策略性地操纵模型来实现低报风险的目的（Mariathasan 和 Merrouche，2012）。

此外，《巴塞尔协议Ⅱ》对资本监管的其他重要缺陷也是银行资本留存不足的重要原因。《巴塞尔协议Ⅱ》对于交易类资产和证券化资产的风险权重设定偏低，对部分表外业务风险覆盖不足，对资本的定义过于宽泛。随着金融衍生品和资产证券化产品不断发展，《巴塞尔协议Ⅱ》的不足也逐渐暴露。金融危机之前，金融机构的总资产增长较快，但风险加权资产却只是温和增长，风险加权资本充足率监管的问题可见一斑。

金融危机的爆发推动了各国金融监管的改革，也加快了《巴塞尔协议Ⅱ》向《巴塞尔协议Ⅲ》演进的步伐。2010 年 12 月，巴塞尔银行监管委员会正式公布了《巴塞尔协议Ⅲ》，标志着新资本监管框架初步形成。《巴塞尔协议Ⅲ》在《巴塞尔协议Ⅱ》三大支柱的基础上，重点对第一支柱下的资本监管框架进行了改革，改革方案主要包括提升资本的数量和质量，扩大资本风险覆盖范围，引入杠杆率监管新标准等。

（一）提高资本质量和数量的要求

此次金融危机暴露出的一个重要问题是银行的资本质量不高和数量不足。由于危机前的《巴塞尔协议Ⅱ》对资本的定义较为复杂和宽泛，一些银行看似拥有较高的资本充足率，但真正出现损失时则暴露出较大的资本缺口。因此，《巴塞尔协议Ⅲ》对资本进行了重新分类和定义，强化了无条件吸收损失的一级资本的作用，限制了一级资本和二级资本可包含的资本工具的范围和标准。《巴塞尔协议Ⅲ》提出了核心一级资本的概念和要求，指出核心一级资本由普通股和留存收益共同构成，从而减轻了创新工具和优先股对一级资本可能形成的高估。

与此同时，《巴塞尔协议Ⅲ》提升了最低监管资本要求。普通股作为吸收损失资本的最高形式，其下限从2%提升至4.5%。一级资本要求从4%提升到6%，总资本最低要求为8%。在最低资本监管要求的基础上，《巴塞尔协议Ⅲ》引入了2.5%的资本留存缓冲，主要用于银行在经济衰退时缓冲资本损失，一定程度上降低了资本的顺周期性。此外，《巴塞尔协议Ⅲ》提出了由普通股和其他能够完全吸收损失的资本所组成的逆周期资本缓冲比例为0～2.5%的要求，并对系统重要性金融机构提出了额外的附加资本要求。截至2019年，商业银行各项资本充足率应达到表2.1所示的要求。

表2.1　《巴塞尔协议Ⅲ》的资本监管标准及过渡期安排

年份	2013 (%)	2014 (%)	2015 (%)	2016 (%)	2017 (%)	2018 (%)	2019年起 (%)
核心一级资本	3.5	4.0	4.5	4.5	4.5	4.5	4.5
资本留存缓冲				0.625	1.25	1.875	2.5
一级资本	4.5	5.5	6	6	6	6	6
总资本	8	8	8	8	8	8	8
最低总资本加留存资本	8	8	8	8.625	9.125	9.875	10.5
逆周期资本缓冲	0～2.5						
系统重要性金融机构附加资本	0～3.5不等，每年调整一次系统重要性金融机构名单						

（二）扩大资本的风险覆盖范围

为克服《巴塞尔协议Ⅱ》中表外风险和衍生品风险低估的缺陷，《巴塞尔协议Ⅲ》提出了加强交易对手信用风险的资本监管要求。如修正交易对手违约风险计算方法，要求银行计提因信用估值调整导致的损失，提高关联度较高的大型金融机构的资本要求和抵押品要求，建立合格的中央交易对手标准等。《巴塞尔协议Ⅲ》同时降低了银行对外部信用评级的依赖，收紧了使用外部评级的合格标准。

（三）引入杠杆率监管新工具

金融危机之前，发达国家金融机构的杠杆率水平和风险加权资本充足率水平出现较大背离。尽管风险加权资本充足率始终高于《巴塞尔协议Ⅱ》规定的8%水平，实际杠杆率①却很低，金融机构规模扩张过快，资本相对于资产出现较大短缺。《巴塞尔协议Ⅲ》在原先风险加权的资本充足率基础上，新加入了杠杆率监管要求。巴塞尔银行监管委员会将杠杆率定义为资本对资产（总的表内资产加上特定的表外资产）的比率，规定这一比例不得低于3%②，并在《巴塞尔协议Ⅲ》中对其细节做了进一步规定（BCBS，2010a），要求银行同时满足风险加权的资本充足率和杠杆率的双重监管要求。

《巴塞尔协议Ⅲ》引入杠杆率监管，是针对风险加权资本充足率存在的缺陷所做的补充监管措施。如前所述，《巴塞尔协议Ⅱ》给予了银行较大的自由裁量权，同时也给予银行进行监管套利和逃避监管的空间。在金融体系信息不对称程度日益增加的背景下，银行隐瞒自身真实风险的动机有所强化，风险加权资本充足率的有效性不断下降。相对于风险加权的资本充足率，杠杆率监管更为简单、透明，可以抑制银行的监管套利和模型操纵行为。杠杆率监管可以确保银行具有最低的资本缓冲用于吸收损失，从而降低金融危机可能带来的负面影响。

目前，《巴塞尔协议Ⅲ》新提出的杠杆率监管政策仍在进一步完善之中，仍有一些问题有待深入研究。2016年4月，巴塞尔银行监管委员会发布了《关于巴塞尔协议Ⅲ杠杆率监管框架的修订（征求意见

---

① 此处杠杆率指金融机构一级资本占表内外总资产的比重。

② 中国银监会于2011年4月颁布了《中国银行业实施新监管标准的指导意见》，提出我国银行业引入4%的杠杆率监管标准，即一级资本占调整后表内外资产余额的比例不低于4%。

稿)》，在金融衍生品风险暴露、买卖金融资产的会计准则、准备金计提、对系统重要性金融机构提升杠杆率监管要求等方面进行了修订，并指明了需要进一步研究的问题。杠杆率监管这一新监管工具仍在不断完善和调整之中。

需要注意的是，杠杆率监管本身也可能带来一定的负面影响。在风险加权的资本充足率监管下，低风险银行可以少留资本，这对于追求利润最大化的银行而言是一种"奖励"。不同于风险加权的资本充足率监管要求，杠杆率在资本留存方面对高风险银行和低风险银行"一视同仁"。在资产规模相同的情况下，如果银行已经满足风险加权的资本充足率要求，较为严格的杠杆率要求将使低风险银行需要比高风险银行补充更多的资本，从而对低风险银行的盈利能力产生不利影响，反而有可能激励银行增加高风险资产。当杠杆率和风险加权的资本充足率的双重监管要求同时存在时，其对银行行为的影响存在两种相反的效应，难以一概而论。与此同时，金融体系的信息不对称问题进一步加剧了双重监管对银行行为和金融体系风险影响的复杂性和不确定性。因此，本书第三章将详细探讨不同情形下加入杠杆率监管的短期和长期影响，并对杠杆率监管政策的进一步细化和完善提出建议。

（四）对内部评级法监管框架进行改革

《巴塞尔协议Ⅱ》引入的内部评级法起初被认为是金融监管的巨大进步。但是，随着内部评级模型日趋复杂，银行资产负债表愈加不透明，内部评级法的"黑箱"效应逐渐显现出来。金融危机的爆发促使人们重新审视内部评级法存在的弊端。为此，巴塞尔银行监管委员会进行了一系列分析评估，对内部评级法监管框架进行了修订。2016 年 3 月，巴塞尔银行监管委员会发布了《降低信用风险加权资产差异性——限制内部模型方法的运用（征求意见稿）》，明确了内部评级法监管框架的改革主线。

内部评级法监管框架改革对内部评级法的使用和计量结果提出了

更加严格的要求。一是限制内部评级法的适用范围。如规定金融机构类风险暴露、并表总资产超过 500 亿欧元的大公司、股权投资、专业贷款、信用估值调整只能采用标准法，不得采用内部评级法。二是对银行内部模型估计的风险参数设定底线（input floor），防止风险参数低估，减小内部评级模型计算的风险加权资产的差异性。三是提升了对违约概率、违约损失率、表外风险暴露信用转换系数等参数的监管要求，确保风险参数估计的稳健性。四是对内部评级法计量的风险加权资产设定底线，即所谓的结果底线（output floor），增强内部评级法与标准法评级结果的一致性和可比性。

二、流动性风险监管

金融危机使监管者认识到流动性对于全球金融市场和金融机构稳健运营的重要意义，也充分暴露了此前金融监管政策在流动性风险防范上的重大不足。金融危机后，以《巴塞尔协议Ⅲ》为代表的国际金融监管新政策将流动性风险监管纳入监管框架，与资本监管一并成为监管者关注的焦点。

根据 Brunnermeier 和 Pedersen（2008）的研究，流动性可以划分为市场流动性（market liquidity）与融资流动性（funding liquidity）。市场流动性更多关注金融机构资产负债表的左边，强调资产在市场上的变现能力。融资流动性侧重资产负债表的右边，是对金融机构融资难易程度和融资成本的衡量。

此次金融危机表现出了很强的流动性危机特征，无论是市场流动性还是融资流动性都出现明显下降。市场流动性方面，以金融衍生产品为主的多种资产价格锐减，市场流动性大幅下降。这一方面是由于资产本身质量出现问题，另一方面是由于许多金融机构为获得流动性大量出售资产，资产价格急剧下降，使金融机构不得不出售更多资产，形成资产价格"大甩卖"的恶性循环。资产证券化和复杂金融衍生品的高杠杆特性进一步放大了流动性风险的影响，加剧了资产价格的螺旋式下降。

融资流动性方面，不少金融机构短期债务出现展期困难。金融危机之前，银行的资金来源更多依赖于短期批发型融资工具，对零售存款的依赖度有所下降。相对于零售存款而言，批发融资更容易受到金融市场波动的影响。在流动性过剩的市场中，短期批发型融资工具可以不断展期，流动性问题隐而未见，而一旦流动性趋紧，短期批发型融资市场的问题就很容易暴露出来。一个典型的例子是，雷曼兄弟在金融危机前有超过50%的资产使用了短期债务融资工具，危机中雷曼兄弟的短期债务展期出现严重困难，投资者纷纷撤出资金，最终导致雷曼兄弟资不抵债，走向倒闭的深渊。近年来，抵押品的广泛使用进一步加剧了融资流动性枯竭的风险。在流动性匮乏、抵押品价值下降的环境中，金融机构为获得融资不得不提高抵押品数量，从而加剧了流动性危机。

危机之后，巴塞尔银行监管委员会深刻反思了既有流动性监管存在的缺陷，于2008年9月公布了《流动性风险管理和监管的原则》。2010年12月，巴塞尔银行监管委员会公布了《流动性风险计量、标准和监测的国际框架》，提出了两个定量监管指标：流动性覆盖率（Liquidity Coverage Ratio，LCR）和净稳定融资比例（Net Stable Funding Ratio，NSFR）。

（一）流动性覆盖率

根据《巴塞尔协议Ⅲ》的规定，流动性覆盖率的定义如下：

$$LCR = \frac{优质流动性资产}{未来30天净现金流出}$$

《巴塞尔协议Ⅲ》中对优质流动性资产的定义是在正常或压力情形下，无变现障碍的高质量流动性资产（High Quality Liquid Assets，HQLA）。这些资产需要同时具备与基本面相关和与市场相关的特征。与基本面相关的特征包括：低风险、容易估值、价值确定、与风险资产相

35

关性较低等；与市场相关的特征包括：市场交易活跃且达到一定规模、价值波动率低、属于在系统性危机爆发时投资者会转向的安全资产（flight to quality）。在具体计算优质流动性资产时，巴塞尔银行监管委员会将其分为不同的种类，对其赋予不同的转换权重，优质流动性资产总量则是所有符合要求的加权资产之和。比如对于现金等流动性较高的资产的转换系数为100%，对于部分流动性较高的债券，风险转换系数为85%，对于满足一定条件的住房抵押贷款支持类证券，转换系数为75%。

表2.2   优质流动性资产分类

优质流动性资产		转换系数（=1－扣减比例）（%）
A. 一级资产	现金	100
	由主权实体、中央银行、多边开发银行或公共机构实体发行或担保的，可在市场上交易的债券	
	符合要求的中央银行准备金	
	风险权重不为0%的主权实体中的本国政府债务或央行票据	
B. 二级资产（不得超过优质流动性资产的40%）——2A级资产	由主权实体、中央银行、多边开发银行或公共机构实体发行或担保的，可在市场上交易且信用风险权重为20%的债券	85
	符合要求的至少AA－级的公司债券	
	符合要求的至少AA－级的担保债券	
2B级资产（不得超过优质流动性资产的15%）	符合要求的至少AA级的住房抵押贷款支持证券	75
	符合要求的A＋级至BBB－级的公司债券	50
	符合要求的普通股	50

未来30天净现金流出是预期累积现金流出与预期累积现金流入的差额，体现的是压力情景下流动性错配的情况。其计算公式是

净现金流出量 = 现金流出量 － min(现金流入;现金流出量 × 75%)

由此可见，流动性覆盖率是为保证银行在未来30天内有足够的优

质流动性资产来满足潜在资金错配导致的资金缺口，体现了短期内银行应对流动性危机的能力。

（二）净稳定融资比例

与流动性覆盖率主要针对短期流动性风险不同，净稳定融资比例更加关注银行在长期中更加稳定、持久的融资渠道。净稳定融资比例的计算方式是

$$净稳定融资比例 = \frac{可用的稳定资金（ASF）}{业务所需的稳定资金（RSF）}$$

其中，"可用稳定资金"（Available Stable Funding, ASF）是指银行未来 1 年内的资本金和债务的加权总和，具体而言，包含有效期大于等于 1 年的优先股、有效期大于等于 1 年的负债以及压力情景下有效期小于 1 年、预期将留在机构内的非到期存款和批发资金。"业务所需的稳定资金"（Required Stable Funding, RSF）是监管者根据银行资产负债表的具体分项加权求和计算得出的。流动性好且容易获得作为额外流动性来源的资产需要较少的稳定性资金来支持，因而其转换权重较低。住房抵押贷款、零售贷款和小企业贷款等资产变现能力较差，因而其转换权重较高（见表 2.3、表 2.4）。总之，净稳定融资比例要求旨在使银行的负债更加稳定和持久，避免对短期批发型融资的过度依赖。

表 2.3　　　　　　　　　　可用稳定资金项目列表

可用稳定资金项目	ASF 权重（％）
全部监管资本（除去期限小于 1 年的二级资本） 其他期限超过 1 年的资本和债务	100
稳定的活期存款 稳定的由零售客户或小型商业客户提供的期限小于 1 年的定期存款	95
稳定性较差的活期存款 稳定性较差的由零售客户或小型商业客户提供的期限小于 1 年的定期存款	90

续表

可用稳定资金项目	ASF 权重（%）
非金融机构客户提供的期限小于 1 年的融资 营运性存款 由主权实体、公营单位、多边开发银行或公共机构实体提供的期限小于 1 年的融资 其他的剩余期限在 6 个月至 1 年之间的未包括在上述项目中的融资，包括中央银行和金融机构提供的融资	50
所有没有包含在上述项目中的债务和股权，包括未明确说明期限的债务 NSFR 衍生品负债与 NSFR 衍生品资产之差（如果前者数值更大） 购买金融产品、外汇、商品产生的应付账款	0

表 2.4　　　　　　　　业务所需稳定资金项目列表

业务所需稳定资金项目	RSF 权重（%）
现金 中央银行准备金 期限小于 6 个月的中央银行票据 出售金融产品、外汇、商品所产生的应收账款	0
除去现金和中央银行准备金外未被抵押的一级资产	5
期限小于 6 个月且未被抵押的发放给金融机构的贷款，贷款抵押资产为一级资产，银行有权利在贷款偿付之前自由地对抵押资产进行再抵押	10
所有其他不包括在以上项目中期限小于 6 个月且未被抵押的发放给金融机构的贷款 未被抵押的 2A 级资产	15
未被抵押的 2B 级资产 被抵押的剩余期限在 6 个月至 1 年之间的 HQLA 期限在 6 个月至 1 年之间的金融机构贷款或中央银行票据 出于营运目的，由其他金融机构持有的存款 所有其他的不包含在以上项目中的期限小于 1 年的资产，包括发放给非金融公司客户的贷款、发放给零售客户或小型商业客户的贷款、发放给政府和公营单位的贷款	50

38

续表

业务所需稳定资金项目	RSF 权重（％）
未被抵押的期限超过 1 年的住房抵押贷款，且根据标准法计算得到的风险权重小于等于35％ 其他的未被抵押的不包含在以上项目中的贷款，除去发放给金融机构的期限超过 1 年，且由标准法计算得到的风险权重小于等于35％的贷款	65
作为金融衍生品交易中的初始保证金的现金、证券或者其他资产以及作为 CCP 违约基金中的现金或者其他资产 其他的未被抵押的期限超过 1 年且根据标准法计算得到的风险权重大于35％的优良贷款（performing loan），不包括发放给金融机构的贷款 未被抵押的、没有违约的、期限超过 1 年的、未被纳入 HQLA 的证券以及交易所交易的股票 实物交易的商品，包括黄金	85
所有抵押期限超过 1 年的资产 NSFR 衍生品资产与 NSFR 衍生品负债之差（如果前者数值更大） 20％的衍生品负债 所有未包含在上述项目中的资产，包括不良贷款、发放给金融机构的期限超过 1 年的贷款、不在交易所交易的股票等	100

从巴塞尔银行监管委员会 2008 年提出流动性风险监管政策伊始，关于流动性监管的争论从未停止。部分学者提出"借短贷长"的期限转换功能本身就是银行存在的意义之一，认为流动性风险监管政策对于银行而言过于严格，有可能抑制银行作为金融中介的本质作用。当然，流动性监管细则目前还在不断完善的过程中，对金融体系的影响仍有待进一步评估。本书第四章将从理论上评估流动性风险监管提出的意义及其对金融体系的影响。

第三节　宏观审慎监管的内在逻辑和主要改革措施

完善资本充足率监管和引入流动性监管框架，是巴塞尔银行监管委员会在原有微观审慎监管理念下所做的修订和完善。而金融危机为监管领域带来的理念革新更多地体现为宏观审慎监管的提出。宏观审慎监管主要体现在时间维度和跨机构维度两个方面。时间维度指的是金融体系存在顺周期性，在不同经济周期的交替中，金融体系的风险在经济政策的相互作用中被放大（Anderson，2011；Repullo 和 Suarez，2013）。跨机构维度指的是由于金融机构之间的相互联系，导致金融体系作为一个整体积累起较大的系统性风险（Allen 等人，2010；Arnold 等人，2012）。

一、逆周期监管

金融危机之前的监管政策存在较强的顺周期性。一方面，对资产评级所使用的风险权重具有明显的周期性特征，另一方面，公允价值会计准则带来的资产价值变动也加剧了顺周期性问题。为缓解资本监管带来的顺周期性问题，巴塞尔银行监管委员会于2009 年12 月发布了《增强银行业抗风险能力（征求意见稿)》，提出一系列逆周期监管措施，如在资本留存缓冲的基础上新设逆周期资本缓冲、建立前瞻性贷款损失准备金等。

2010 年12 月，巴塞尔银行监管委员会发布的《各主权国家实施逆周期资本缓冲的指引》确定了各国监管当局实行逆周期资本缓冲的实施原则，提出了0 ~ 2.5% 的逆周期资本要求，旨在通过提高繁荣时期银行体系的资本充足率要求，防止由于信贷过度增长而造成风险累积，避免在经济衰退时期大量风险集中爆发对银行体系和实体经济造成的损害。

逆周期资本缓冲的实施需要两个要素。一是经济周期的调整指标，二是根据经济周期调整指标进行逆周期资本缓冲的计算方法。在调整指标的选择上，根据国际清算银行对各项指标与经济周期关系的研究，信贷占国内生产总值的比重作为衡量经济周期的宏观经济指标效果最优。因此，巴塞尔银行监管委员会用信贷占国内生产总值的比重作为经济周期的衡量指标。在具体的计算流程上，首先计算出当年信贷占国内生产总值的比重，进而计算出信贷占国内生产总值的比重高出其历史趋势值的差额，即缺口率，以反映当前经济的繁荣程度。当缺口率超过某一界限时，银行应按一定比率计提逆周期资本缓冲（BCBS，2010b）。巴塞尔银行监管委员会将逆周期资本缓冲与缺口率设定为线性关系，即分别确定一个最高指标（H）和最低指标（L）[①]，在最高与最低区间内逆周期资本缓冲随缺口率线性增长，超过最高时记为2.5%，低于最低时记为0，图2.1详细地描绘出《巴塞尔协议Ⅲ》要求的逆周期资本缓冲在不同经济时期的变化趋势。

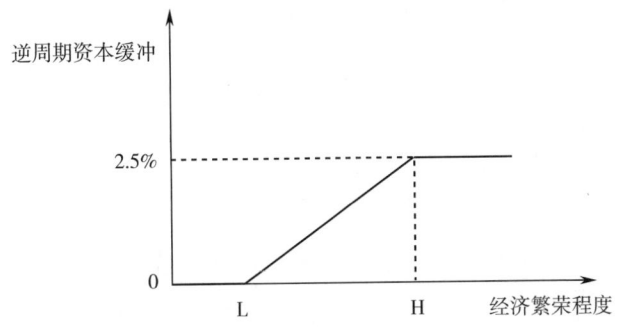

图2.1　《巴塞尔协议Ⅲ》中规定的逆周期资本缓冲要求

　　在具体实施中，巴塞尔银行监管委员会允许不同国家根据自身所处的经济周期设定不同的逆周期资本缓冲要求，给予了各国监管当局一定范围的自主决策权。那么，应如何评估逆周期资本缓冲工具？如何确定逆周期资本缓冲工具的起始点（最低指标）和结束点（最高指标）？逆周期资本缓冲应该如何根据经济繁荣程度的变化而变化？迄今为止，对上述问题的理论研究仍然较为缺乏，本书第五章将对这些问

---

　　①　巴塞尔银行监管委员会的文件建议选取 H = 10% 和 L = 2%，但同时提出不同国家可以采取不同的选取标准。

题进行详细探讨。

除了资本缓冲工具之外，巴塞尔银行监管委员会还提出基于预期损失模型的前瞻性资产损失准备金（forward looking provision）。前瞻性资产损失准备金根据资产的预期损失计提准备金，计入资产减值，同时减少当期损益。等到资产实际发生损失时，再进行核销处理，扣减资产损失准备金余额。但是，前瞻性资产损失准备金与公允价值会计准则存在一定程度的不相容。对于按照公允价值计价的资产而言，由于其价值的变化直接体现在财务报表上，因此不需要设立资产损失准备金。同时，前瞻性资产损失准备金难以避免主观判断对计算结果的影响，有可能影响财务报表的真实性和客观性。目前，前瞻性资产损失准备金仍在探讨和进一步完善之中。

二、针对系统重要性金融机构的监管

此次金融危机中出问题的金融机构很多都是具有系统重要性的大型金融机构。这些金融机构由于其规模庞大、关联度高、无可替代，存在严重的"大而不能倒"的道德风险问题：这些金融机构的股东预计到整个金融体系无法承受大型金融机构倒闭带来的系统性金融风险，政府必然会在其经营陷入困境时提供救助，因而有动机采取追求高利润的过度冒险行为。与此同时，由于存在政府的隐性担保，债权人的监督约束也被严重弱化，市场约束力量在监督系统重要性金融机构方面所起的作用微乎其微。更重要的是，"大而不能倒"会使金融机构产生不恰当的激励。大型金融机构预期到其产生的金融风险将由政府埋单，因而没有动机通过审慎经营和良好的风险管理降低个体风险，反而会通过进一步扩大规模、增加关联度等方式追求更高的系统重要性，从而增加整个金融体系的内在风险。而这些大型金融机构一旦出现问题，又会产生"大而不能救"的问题，这在欧洲银行业表现得尤为明显。瑞士两家大型银行的绝对规模已经高达瑞士 GDP 的四倍，一旦出现危机，投资者必然会由于担心政府的救助能力而产生市场恐慌，从而加剧危机的蔓延，威胁整个金融体系的稳定。

解决"大而不能倒"的问题必须要采取适当的监管措施，一方面要通过事前和事中的监管要求提高金融机构稳健程度，降低"大而不能倒"机构破产的可能性，另一方面要建立有效的恢复和处置机制，降低这类机构进入破产程序对金融体系的负面影响，确保其核心功能在处置过程中也能正常运行，从而实现这些机构在必要时"大"而"能倒"。

2011 年 11 月，巴塞尔银行监管委员会发布了《全球系统重要性银行：评估方法及附加的损失吸收要求》，2013 年 7 月，巴塞尔银行监管委员会再次发布这一文件的更新版（BCBS，2013）。在此文件中，巴塞尔银行监管委员会制定出全球系统重要性银行的评估方法。这套方法选取了能够反映一家银行对整个金融体系稳定性的影响指标，并将其分为跨经济体活跃性（跨境业务）、规模、关联性、所提供金融基础设施的可替代性和复杂性 5 大类共 12 个指标（见表 2.5）。监管机构根据这些指标对银行进行评估打分，并根据评估结果挑出得分最高的银行列为全球系统重要性银行。

2015 年 11 月，金融稳定理事会公布了基于 2014 年末数据测算的全球系统重要性金融机构名单，共有 30 家银行入选（见表 2.6）。对于这些全球系统重要性金融机构，巴塞尔银行监管委员会对其提出了更高的附加资本要求。巴塞尔银行监管委员会将这些系统重要性银行按照得分从高到低分为 5 组，对不同组别的银行追加不同的附加核心资本要求。第一组最低，第五组最高，附加资本要求从 1% 到 3.5% 不等。

表 2.5 巴塞尔银行监管委员会规定的系统重要性银行的衡量指标

指标类别（及权重）	子指标	子指标权重（%）
跨境业务（20%）	跨境资产	10
	跨境负债	10
规模（20%）	《巴塞尔协议Ⅲ》中杠杆率规定的总风险暴露	20

续表

指标类别（及权重）	子指标	子指标权重（%）
关联性（20%）	金融体系内资产	6.67
	金融体系内负债	6.67
	批发融资比例	6.67
可替代性（20%）	托管资产	6.67
	通过支付体系清算和结算的支付额	6.67
	证券市场承销交易的价值	6.67
复杂性（20%）	场外衍生品名义价值	6.67
	三级资产	6.67
	交易性资产及可供出售资产的价值	6.67

表 2.6　　　全球系统重要性银行的附加资本要求

附加资本要求（%）	全球系统重要性银行
3.5	—
2.5	汇丰银行（HSBC）
	摩根大通（JP Morgan）
2.0	巴克莱（Barclays）
	法国巴黎银行（BNP Paribas）
	花旗集团（Citigroup）
	德意志银行（Deutsche Bank）
1.5	美国银行（Bank of America）
	瑞士信贷（Credit Suisse）
	高盛（Goldman Sachs）
	三菱 UFJ 金融集团（Mitsubishi UFJ FG）
	摩根士丹利（Morgan Stanley）
	中国农业银行（Agricultural Bank of China）
1.0	中国银行（Bank of China）
	纽约梅隆银行（Bank of New York Mellon）
	中国建设银行（China Construction Bank）
	法国大众储蓄银行集团（Groupe BPCE）
	法国农业信贷银行（Group Crédit Agricole）

附加资本要求（％）	全球系统重要性银行
1.0	中国工商银行（ICBC）
	荷兰商业银行（ING Bank）
	日本瑞穗银行（Mizuho Bank）
	北欧联合银行（Nordea）
	苏格兰皇家银行（Royal Bank of Scotland）
	西班牙桑坦德银行（Santander）
	法国兴业银行（Société Générale）
	渣打银行（Standard Chartered）
	美国道富银行（State Street）
	日本三井住友商业集团（Sumitomo Mitsui FG）
	意大利裕信银行（Unicredit Group）
	美国富国银行（Wells Fargo）
	瑞银集团（UBS）

那么，系统重要性金融机构的形成过程是否是社会合意的？其会对金融体系产生哪些影响？针对系统重要性金融机构的附加资本监管政策能否提升社会福利？最优的附加资本监管政策又应如何设计？本书第六章将就上述问题进行深入分析。

解决"大而不能倒"问题不仅需要加强资本充足率监管，也需要完善事后处置。资本监管并不能保证避免单体金融机构的经营失败，这就需要有效地处置与退出机制安排，将经营失败的单体金融机构风险与整个金融体系隔离开来，不至于导致金融风险与恐慌的蔓延，使单体机构风险上升为系统性危机。因此，构建有效的金融风险处置与退出机制作为金融安全网的一部分，是降低系统性风险、维护金融体系稳定的重要举措。

2009 年，金融稳定理事会首次提出系统重要性金融机构的恢复与处置计划，并于 2011 年发布《系统重要性金融机构有效处置机制的关键要素》，以期在无须纳税人承担损失的前提下，实现系统重要性金融机构有序处置或平稳退出。恢复与处置计划应致力于实现三个目标。一是推动私人部门主导的恢复计划，降低单个金融机构因无法继续经营而倒闭引发系统性风险的可能。二是危机时能够保证金融机构基本的服务功能，降低对金融机构利益相关者的影响。三是降低金融机构"大而不能倒"的道德风险，减少因政府救助导致的纳税人的损失。

《系统重要性金融机构有效处置机制的关键要素》中的一项重要内容是规定了政府有权要求金融机构在陷入危机时采取"内部纾困"（bail－in）而非请求"外部援助"（bail－out）。所谓的内部纾困，是指金融机构进入处置程序时，要求将该机构全部或部分无担保和无保险的负债予以减记或转股，以将损失内部化，从而避免使用财政资金救助的做法。这就要求金融机构在进入处置程序前，积累起充足的"损失吸收能力"。2015 年 11 月，金融稳定理事会通过了对全球系统重要性金融机构的总损失吸收能力（TLAC）的要求。全球系统重要性金融机构在满足最低资本充足率的基础上，还要额外持有更多的具有损失吸收能力的资本工具（包括合格债务工具），这些资本工具可以在系统重要性金融机构陷入清偿危机时迅速转股或全额减记，使其资本充足率仍满足最低要求，从而有能力实施"自救"。总损失吸收能力要求的实质是将股东和债权人自救机制变成了系统重要性金融机构处置的必经程序，从而使无公共资金救助情形下的大型金融机构处置成为可能。

第三章　资本充足率新监管政策研究

第一节　研究背景

  2008 年爆发的全球金融危机使人们开始重新思考现行的金融监管框架，而银行的资本充足率监管尤为受到关注。在金融危机中，一些银行看似拥有较为充裕的资本，但当危机真正来临时，其脆弱性暴露无遗。以雷曼兄弟为例，在其破产前五天，这家银行的资本水平还能达到 11%[①]。显然，这一看似稳健的资本水平并没能支撑它渡过难关。这其中的一个重要原因是危机前的银行监管采用《巴塞尔协议 II》规定的风险加权资本充足率监管要求。根据《巴塞尔协议 II》，一些符合要求的银行可以使用内部评级法评估资产的风险。换言之，银行可以使用自己内部的模型来评估风险并将资产风险向监管当局汇报，根据其汇报的风险留存相应的资本。监管当局依赖事后的逆向监测机制来判断银行是否真实报告了资产风险。监管者的逻辑是，没有机构能比银行自身更加了解其风险，因此采用内部评级法能使资本充足率监管更好地反映银行资产的潜在风险（BCBS，2001）。

  但是，现实中银行的资产负债表往往不透明。银行和监管者之间的信息不对称问题非常严重。正如 Blundell – Wignall 和 Atkinson（2008）所指出的，银行在经营过程中会想尽办法减少监管措施对银行盈利的不利影响，尽管监管者有着良好的监管意愿，但他们也不可能完全得知银行真实的资产风险。英格兰银行首席经济学家 Andrew Hal-

---

[①]　按照《巴塞尔协议 II》的计算方法来计算。

dane 曾指出，基于商业银行内部模型的风险加权计量方法"太复杂导致无法核实、太容易犯错造成结果不可靠、反映太迟导致无法及时采取监管措施"，因此，当银行和监管者之间存在信息不对称时，追求自身利益最大化的银行有动机隐瞒自身真实的风险状况。如果监管者在事后无法完全判断银行是否真实报告了风险权重，银行就有可能出现低报风险，留存资本过少的情形，一旦风险事件发生，银行危机便难以避免。

已有不少研究发现，危机前的金融监管政策确实为银行提供了隐瞒风险的空间。通过对银行各项指标的研究，Mariathasan 和 Merrouche（2012）的实证结果支持了银行在《巴塞尔协议Ⅱ》下通过策略性地操纵模型来低报资产风险的结论。Jones（2000）阐述了银行如何通过"监管套利"来降低其监管资本的留存，却并没有降低资产的内在风险。一些来自银行业和监管机构的证据也表明对于银行低报风险的担忧并不是空穴来风。JP 摩根首席执行官 Dimon 曾经指出，一些欧洲银行为了降低其风险加权的监管资本，在《巴塞尔协议Ⅱ》下采用了比其竞争对手更低的风险权重，2009 年，英国金融服务局（Financial Services Authority）要求 13 家银行用各自内部的模型对同一个假想的贷款组合进行评估，结果表明，不同银行对于同一家企业贷款评估的风险权重跨度很大，最低为 30%，最高为 189%，充分表明了内部评级法给予银行评估风险很大的自主性。一份来自法国巴黎银行（BNP Paribas）的研究表明，银行每年都会对其资产的违约风险进行调整，这种调整并不一定是由于经济基本面变化导致资产的内在风险发生变化，而更多地取决于银行评估资产风险的方法发生了变化。这些证据都表明，银行和监管者之间的信息不对称非常严重，危机前的金融监管政策为银行提供了谎报资产风险的空间。因此，有必要在监管者和银行存在信息不对称的框架下，研究资本充足率监管对于银行行为的影响。

《巴塞尔协议Ⅲ》的重要改革措施之一就是通过引入简单、易于衡量的杠杆率监管，限制银行通过复杂的内部模型进行监管套利或逃避监管。在引入杠杆率的同时，原来的风险加权资本充足率依然保留，两者同时存在、相互补充。巴塞尔银行监管委员会将杠杆率定义为资本对资产（总的表内资产加上特定的表外资产）的比率，规定这一比例不得低于3%，并在《巴塞尔协议Ⅲ：一个更稳健的银行及银行体系的全球监管框架》中对其细节做了进一步规定。就我国而言，中国银监会于2015年2月正式发布了最新修订的《商业银行杠杆率管理办法》，提出我国银行业引入4%的杠杆率监管标准，即一级资本净额占调整后表内外资产余额的比例不低于4%。

杠杆率监管和风险加权的资本充足率监管都是对银行资本充足性的衡量。相对于风险加权资本充足率监管而言，杠杆率监管不依赖于银行报告的风险，而是对于所有风险类型的资产都要求同样的资本留存。从定义上看，杠杆率和资本充足率分子项相同都是资本，所不同的是分母：杠杆率的分母是表内外资产之和，不经过风险加权调整，而资本充足率的分母则是表内外风险加权资产之和。由于杠杆率监管不具备风险敏感性，其自身具有一些不可忽视的缺点。单独的杠杆率监管会鼓励银行追求高风险高收益的资产，有可能增加银行体系的风险。在信息不对称的情形下，风险加权资本充足率的监管效果尚有不确定性，在杠杆率和风险加权资本充足率的双重监管下，银行的激励和行为变得更加复杂。因此，有必要在信息不对称的框架下，探讨加入杠杆率监管对银行行为的短期和长期影响，并提出杠杆率监管进一步细化和完善的建议。

尽管研究资本充足率监管政策对银行影响的文献并不少见，却只有少数几篇文献将监管者和银行之间的信息不对称纳入考量。Giammarino等人（1993）的文献考虑了信息不对称因素，但并没有区分风险加权的资本充足率和不依赖于风险权重的资本充足率对银行行为的不同影响。Blum（2008）的文章考虑了银行和监管者之间的信息不对称，但他的文章将银行资产的风险当做外生给定，并未考虑银行会根据监管政策调整资产风险。Kowalik（2011）的文章考虑了信息不对称的因素，却没有考虑风险加权的资本充足率和杠杆率同时存在的情形。Rugemintwari（2011）在信息不对称的框架下比较了不同监管工具对银行资产选择的影响，但他的文章仅仅将监管要求当做外生给定，并没有分析监管者为何会提出这些监管工具，也未涉及监管政策的优化设计。Jarrow（2013）的文献比较了杠杆率监管和基于风险价值法监管的不同，Acharya 等人（2011）提出杠杆率监管有可能使银行的债务过于安全，从而降低债权人对银行的监督动机，但是这两篇文章均没有考虑银行和监管者之间的信息不对称。因此，有必要建立系统的理论模型，分析监管者出台杠杆率监管的理论依据，探讨短期和长期中银行选择资产和汇报资产风险的激励如何随着杠杆率监管工具的引入发生变化，进而为最优资本监管模式的设计提供理论支持。

第二节　资本充足率监管新工具的经济学分析

本节通过建立信息不对称的理论模型，分析《巴塞尔协议Ⅱ》中风险加权资本充足率的不足之处，探讨加入杠杆率监管对银行行为和金融体系风险的短期和长期影响，提出最优的资本监管设计模式①。

一、模型设定

考虑一个四期的经济体，$t = 0$，1，2，3。经济体中有两类参与者：银行和监管者。这两类参与者均为风险中性②。

经济体中有一个连续统的银行，每家银行可以选择投资两类资产，

---

① 本章部分内容于 2016 年 2 月发表于 *Review of Finance*，详见 Wu 和 Zhao（2016）。
② 与大多数文献类似（如 Campbell 等人，1992；Flannery，1989；Santos，1999；Blum，2008；Acemoglu 等人，2013），本章假设银行为风险中性。一部分文献研究了风险厌恶银行的行为，比如 Koehn 和 Santomero（1980），Kim 和 Santomero（1988），Froot 和 Stein（1998）。

一类是无风险资产（安全资产），另一类是风险资产，两种资产均可分。每种资产的前期投入均为1。安全资产在价值实现时，可以获得一个确定的收益 y，其中 $y > 1$；风险资产的收益依赖于其所投资项目的成败。项目成功时，银行可以获得 Y 的收益，项目一旦失败，银行的收益为0。假设项目成功的概率为 θ，项目失败的概率为 $1 - \theta$，则风险资产的收益可以表示为如下形式：

$$\tilde{y} = \begin{cases} Y & w.p \quad \theta \\ 0 & w.p \quad 1 - \theta \end{cases}$$

为了使问题简化，本章假设安全资产和风险资产的预期收益相同，即 $y = Y\theta$[①]。银行资产的总规模标准化为1，其中安全资产的投资比例为 β，风险资产的投资比例为 $1 - \beta$。β 是银行的私人信息，并不能被监管者所观测到。

融资方面，银行的融资来源主要有两类，分别是资本金融资和吸收存款。由于银行的资产被标准化为1，银行可以选择资本金融资 k，并吸收 $1 - k$ 的存款。此处为简化模型，本章假设完全的存款保险制度（deposit insurance）[②]，因此存款是无风险的，在一个完全竞争的存款市场上，无风险利率假设为1。由于银行和监管者之间存在信息不对称，监管者无法根据银行资产的风险来收取存款保险费，保险费为恒定的常数并假设为零。在对银行资本金成本的刻画上，本章采取文献常用的假设，将银行资本的单位成本设为 $1 + \delta$。其中 $\delta > 0$ 表明资本金相对于存款而言是一种成本更高的融资方式[③]。对这一假设的一个诠释是银行股东拥有的外部投资机会可以获得 $1 + \delta$ 的回报，因此股东会要求更

---

① 本章之后会进一步说明，放松这一假设并不会改变模型的结论。

② 2015年5月1日起，我国正式实施存款保险制度，各家银行向保险机构统一缴纳保险费，一旦银行出现危机，保险机构将对存款人提供最高50万元的赔付额。事实上，即使存款保险制度不存在或者部分存在，模型的主要结论也不会受到影响。

③ 关于这一假设，Berger 等人（1995）的文献中有更详细的讨论。Allen 等人（2011），Gorton 和 Winton（2003），Hellmann 等人（2000）以及 Repullo（2004）的文献中也沿用了这一假设。

高的报酬以弥补其机会成本[1]。而存款者对于流动性的需求使他们愿意接受比外部投资机会更少的回报。因此，从银行成本的角度考虑，银行更愿意吸收更少的资本和更多的存款来进行融资。

在没有监管的情形下，由于资本的融资成本较高，同时银行具有有限责任（limited liability），银行有动机留取较少的资本。而如果资本留存过少，一旦风险资产投资的项目失败，银行就会资不抵债，进入破产清算程序。在这种情况下，由于存款保险制度的存在，监管者会向银行提供救助，以保证存款者不受损失，救助金额为银行存款数量与银行资产价值之差。但是，监管者对银行的救助资金来源于税收，会产生一定的效率损失，每单位的救助资金会产生额外的社会成本 c。监管者制定银行的资本充足率监管政策，保证银行留取一定的资本来应对可能发生的损失。本章通过比较几种监管者已经使用或者准备出台的监管政策，分析不同的资本监管工具对银行行为的影响。

第一种资本监管的形式是最简单的单一杠杆率监管[2]，规定银行资产的一定比例必须以资本金的形式留存。在模型中，由于银行资产已经被标准化为1，单一的杠杆率监管相当于规定了银行需要保留的最低资本金 k_L。

第二种资本监管的形式是《巴塞尔协议 II》中使用的风险加权资本充足率监管，监管者的初衷是使银行留存的资本与其资产的潜在风险相对应。监管者允许银行利用内部的风险评估模型算出资产风险，

---

[1]　不同于 Jensen 和 Meckling（1976）以及 Berger 等人（1995）提到的银行股东和经理人之间可能会存在利益冲突，本书各章节的讨论都假设银行的经营者会最大化股东的利益，即银行的期望利润。

[2]　在 1988 年巴塞尔协议出台之前，一些国家的监管当局使用的就是最简单的杠杆率监管工具。以美国为例，美国监管当局在 1981 年实施的监管规则中，规定银行的主要资本（primary capital）占其总资产的比例不得低于 5.5%，总资本占其总资产的比例不得低于 6%。

并将这一风险向监管者汇报[①]。假设银行安全资产的比例为 β，向监管者汇报的安全资产比例为 β'，如果 $\beta' > \beta$，则银行低报了资产的风险。监管者在事后进行检查，如果银行谎报资产风险，监管者以 p 的概率发现银行的谎报行为，并责令银行补充资本到其应该持有的数量。除此之外，银行还会遭受一定的谎报损失 F[②]，这一损失与银行撒谎的程度成正比：$F = f(\beta' - \beta)$。上述损失既包括银行撒谎的声誉损失[③]，也包括监管者在日后对银行进行更频繁的检查造成的成本[④]。事实上，在金融危机之后，银行的声誉成本引发了监管者和学界越来越多的关注[⑤]。巴塞尔银行监管委员会也将银行的声誉风险引入到监管的第二支柱中（BCBS，2009）。由于监管者的监管能力有限，即使银行谎报其资产风险，监管者以 $1 - p$ 的概率无法察觉，此时，银行按照其报告的风险留存相应资本。

现实中，银行谎报损失中的声誉损失主要来源于未来的债券投资者[⑥]。这类投资者在银行资本不足时会首当其冲地受到冲击，因此会对

---

①　为了简化模型，本章假设经济体中只有两种风险类型的资产，银行向监管者汇报其资产的风险等价于向监管者汇报其无风险资产的比例。在一个更一般的设定下，假设银行向监管者汇报其资产的风险并不会改变模型的主要结论。

②　这里的谎报损失是一项非金钱（non‐pecuniary）的损失。在金融危机之前，监管者很少对金融机构采用罚款（bank fine）的形式进行惩罚。不过，从 2012 年开始，欧美的监管机构逐渐加大了对违规银行的罚款力度，因此，本节将在后文讨论监管者对银行施以罚款的情况。

③　关于银行声誉损失的讨论在文献中并不少见，Bolton 等人（2007）的文章也考虑了银行的声誉损失对银行行为的影响。

④　根据美联储对美国各银行的监管惯例，如果一家银行被监管者发现有违规行为，监管者将会提高对其的监管频率。

⑤　Armour 等人（2012）指出，银行的声誉成本是真实存在的。银行遭受声誉损失对其股价的影响比金钱惩罚对其的影响大 9 倍。美联储官员 Raskin 强调，监管机构需要更加关注影响银行声誉的各种因素。Walter（2010）以及 Buckley 和 Nixon（2009）的研究也表明，银行未达到监管要求而造成的声誉损失非常巨大。

⑥　在存款保险制度下，储蓄者不会过多关注存款是否安全，因此也不会过于在意银行风险。而银行股东利益与银行利益一致，希望用更少的资本获得更大的收益，也不会对银行谎报资本金的行为做出惩罚。因此，银行的谎报损失中的声誉损失主要来源于其未来的债券持有人。

银行的声誉格外关注。同时，银行谎报风险的声誉损失并不是一成不变的，而是会随着宏观经济环境的改变而发生变化。本章将这一因素纳入模型。为简化起见，假设银行的声誉损失系数 f 在不同的经济环境下有两种可能的取值 $f \in \{b, B\}$。在经济不景气时，银行外部的投资机会较少，谎报被发现对银行的影响有限，声誉损失较小，谎报损失系数为 b。在经济繁荣时期，银行的外部投资机会较多，一旦银行被发现撒谎，将丧失很好的投资机会，声誉损失较大，谎报损失系数为 B。假设经济萧条（较差经济状态）的概率为 λ，经济繁荣（较好经济状态）的概率为 $1 - \lambda$。

第三种资本监管的形式为《巴塞尔协议Ⅲ》中最新提出的双重监管模式，即在原有的风险加权资本充足率基础之上加入杠杆率监管。换言之，不论银行向监管者汇报的资产风险如何，银行资本都必须保持在一定数值之上，本章将这一比值设为 k'。

二、新资本监管的短期影响评估

首先，该部分分析不同资本监管模式对银行行为和金融体系风险的短期影响。短期内，银行尚来不及根据资本充足率监管规则对其资产的风险进行调整，因而此处将银行的资产组合视为既定，即银行资产风险是外生的。假设银行安全资产所占的比例为 β，β 越高代表银行越安全。在信息不对称下，β 是每家银行的私人信息，并不能被监管者所观测到。资本监管主要影响银行向监管者汇报风险并据此留存资本的行为。模型时序如图 3.1 所示。

（一）完全信息的基准情形

作为分析的起点，本节首先讨论银行和监管者信息完全对称时的情形。此时银行投资在安全资产的比例 β 可以被监管者观测到。由于每单位安全资产可以得到确定回报 y，因此银行可以得到的确定回报为

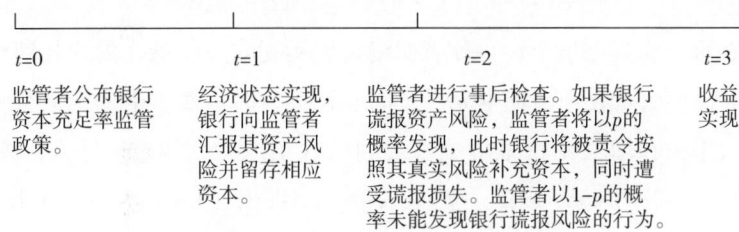

$t=0$	$t=1$	$t=2$	$t=3$
监管者公布银行资本充足率监管政策。	经济状态实现，银行向监管者汇报其资产风险并留存相应资本。	监管者进行事后检查。如果银行谎报资产风险，监管者将以p的概率发现，此时银行将被责令按照其真实风险补充资本，同时遭受谎报损失。监管者以$1-p$的概率未能发现银行谎报风险的行为。	收益实现

图 3.1　资本监管短期影响评估的模型时序

βy，即其可能面临的最大损失为 $1 - \beta y$。此处假设 $\beta \leq \dfrac{1}{y}$，即银行可能面临的最大损失非负。

在完全信息下，假设银行受到的资本约束为 $k \geq k^s(\beta)$，由于资本金的社会成本比存款更高，监管者要求银行留存的资本水平不应该超过银行可能出现的最大损失，即 $k^s(\beta) \leq 1 - \beta y$。在这种情形下，银行留存资本量为 $k^s(\beta)$[①]，吸收存款为 $1 - k^s(\beta)$，如果银行项目成功，项目收益在归还存款者之后的部分成为银行利润。如果银行的项目失败，由于银行资本不超过银行损失，此时银行的收益为零（由于银行具有有限责任，项目失败时银行的收益始终非负）。因此，银行的利润可以表示为银行的期望收益与银行的融资成本之差，即

$$\theta\left[\beta y + (1 - \beta)Y - (1 - k^s(\beta))\right] - (1 + \delta)\,k^s(\beta) \qquad (3.1)$$

由于银行留存的资本量不超过银行可能发生的损失，如果项目失败，银行资不抵债进入破产程序，监管者将对银行实施救助，以保证存款者不受损失，救助金额为银行存款与银行资产的价值之差。同时，

----

① 在本章的讨论中，由于资本金对银行而言是一种更为昂贵的融资方式，银行没有动机留取超额资本。关于对银行超额资本的讨论，可以参见 Milne(2002)。

每单位救助会产生额外的社会成本 c，此时，监管者[①]的期望收益为

$$-(1 - \theta)(1 + c)(1 - k^s(\beta) - \beta y) \quad (3.2)$$

在存款保险制度下，存款者始终可以实现收支相抵，因此其期望利润为零。监管者在做出资本充足率的监管决策时，面临着降低银行破产的社会损失和增大银行融资成本之间的权衡取舍（Berger 等人，1995；Santomero 和 Watson，1977；李妍，2010）。将式（3.1）和式（3.2）进行加总，可以得到在资本充足率 $k^s(\beta)$ 下，社会的期望收益为

$$y - 1 - c(1 - \theta)(1 - \beta y) + [c(1 - \theta) - \delta] k^s(\beta) \quad (3.3)$$

从式（3.3）容易看出，如果 $c(1 - \theta) - \delta > 0$，即银行破产的边际期望社会损失大于银行的边际资本成本，代表社会利益的监管者应该要求银行恰好留存足够的资本来应对可能发生的损失，即 $k^s(\beta) = 1 - \beta y$。本章假设这一不等式始终成立。

假设 3.1：银行破产的边际期望社会损失高于银行的边际资本成本，即 $c(1 - \theta) - \delta > 0$。

当假设 3.1 成立时，最优的资本充足率监管是 $k^s(\beta) = 1 - \beta y$。可以看出，此时监管者要求银行留存的资本依赖于银行安全资产的比例 β，且随着 β 的升高而下降。换言之，在完全信息下，最优的资本充足率监管是风险加权的资本充足率监管。

（二）存在信息不对称的情形

在现实世界中，由于银行资产负债表的不透明性，银行和监管者之间的信息不对称更能刻画银行监管中的真实情况。当银行资产的风险外生时，银行安全资产所占的比例为 β，β 越高代表银行越安全。在信息不对称下，β 是每家银行的私人信息，并不能被监管者所观测到。

---

① 不同于 Boot 和 Thakor（1993）中提出的监管者出于维护自身声誉的考虑可能会出现纵容银行的行为和陆磊（2000）提到的监管者和金融机构存在"共谋"的可能，在本书中监管者并无个人私利。监管者的目标是使银行行为尽可能达到社会合意的要求，因此，银行救助的社会成本会进入监管者的目标函数。

监管者只知道在经济体中 β 在 $[0,1/y]$ 的区间上均匀分布①。

1. 没有监管时的情形

当监管者不实施任何监管措施时，如果银行留存资本为 k，其预期收益的表达式为

$$\theta[\beta y + (1-\beta)Y - (1-k)] + (1-\theta)\max\{\beta y - (1-k),0\} - \\ (1+\delta)k \quad\quad\quad (3.4)$$

从式（3.4）可以看出，银行的预期收益是资本金的减函数。因此，当没有任何资本监管要求时，银行没有激励留存任何资本，即 $k_{NR}^{*} = 0$。银行之所以不愿留存资本有两方面的原因。一方面，银行资本金比存款的融资成本更高，留存资本金增加了银行的融资成本；另一方面，由于银行具有有限责任，银行项目失败后一部分存款者的钱由监管机构进行偿还，银行不用承担全部损失。此时的期望社会福利为 $y - 1 - c(1-\theta)(1-\beta y)$。

2. 单一杠杆率监管的情形

杠杆率监管不依赖于银行资产的风险类型，也无须银行向监管者汇报其风险。在本模型的设定下，由于银行总资产标准化为1，单一的杠杆率监管相当于规定了银行最低留取的资本不能低于某一常数，即 $k \geq k_L$。在这种情况下，由于银行始终有少留资本的动机，杠杆率约束始终为紧（binding）。换言之，不论银行资产风险如何，银行的资本留存均为 k_L。

为了得出社会最优的资本留存量，监管者面临如下的权衡取舍。如果银行留存的资本过多，由于吸收资本的社会成本较高，会造成一定的效率损失；如果银行资本不足，一旦风险资产所投项目失败，监管者需要对银行提供救助，而银行救助的社会成本较高。求解监管者的目标函数，可以得到如下引理。

引理3.1：如果监管者只能使用单一的杠杆率监管工具，社会最优

---

① 假设其他类型的分布函数并不会对模型的主要结论产生影响。

的杠杆率水平 $k_L^* = 1 - \dfrac{\delta}{c(1-\theta)}$。期望的社会福利为 $\pi_S^l = y - 1 +$

$\dfrac{[c(1-\theta)]^2}{2c(1-\theta)} - \dfrac{c(1-\theta)}{2}$。

3. 风险加权的资本充足率情形

根据《巴塞尔协议Ⅱ》的要求，银行可以自主掌握其向监管者汇报的资产风险。这里首先分析监管者为各类资产赋予"正确"风险权重的情形，即风险权重可以准确反映资产内在风险的情形。这一情形与危机前《巴塞尔协议Ⅱ》中的规则相一致。监管者试图用复杂的计量模型为各类资产找出最精确的风险权重，却忽略了银行与监管者进行博弈进而谎报资产风险的内在动机。在这种情形下，资本充足率要求与完全信息下的情形相同。如果银行汇报其安全资产的比例为 β'，风险加权的资本充足率要求银行所留资本不少于其可能承受的最大损失，即 $k \geq 1 - \beta'y$。银行通过比较真实的报告风险和谎报风险的不同收益，做出报告决策。

引理 3.2：在风险加权的资本充足率约束下，银行是否真实汇报其资产风险取决于银行谎报风险被监管者发现后的声誉成本。如果银行的声誉成本系数 $f < (1-p)y(1-\theta+\delta)/p$，银行将谎报其风险 $\beta' = 1/y$。如果银行的声誉成本系数 $f \geq (1-p)y(1-\theta+\delta)/p$，银行有激励说实话。

从引理 3.2 中可以看出，银行是否真实汇报风险取决于其谎报风险被监管者发现后的声誉成本大小。如果银行的谎报损失成本系数较小，银行有动机谎报其安全资产的比重为 $\beta' = 1/y$，即它是一家低风险银行。此时，监管者也无法根据银行汇报的风险推断出银行真实的资产风险，只能依靠事后监督检查来判断银行是否真实汇报其风险。与之相对应，如果银行的谎报损失成本系数较大，银行没有动机选择谎报风险。从这个意义上讲，较高的声誉成本可以作为一种市场监督机制，有效降低银行谎报风险的动机。

由于银行汇报风险的动机取决于其声誉成本大小，而声誉成本在不同的经济状态下有所差异。一种更有意义的假设是，银行在一些经济状态下真实汇报风险，而在另一些经济状态下谎报风险。

假设 3.2：$b < (1 - p)y(1 - \theta + \delta)/p < B$。

根据假设 3.2，当较差经济状态实现时，银行谎报损失系数为 b，此时银行在风险加权的资本充足率下，将会谎称自己安全资产的比重为 $\beta' = 1/y$。在较好经济状态实现时，银行谎报损失系数为 B，银行始终有动机说真话。从假设 3.2 出发，易得到引理 3.3。

引理 3.3：银行在较差经济状态发生时会谎报其安全资产的比重为 $\beta' = 1/y$，留存资本量为零。在较好经济状态发生时真实报告自身的风险，并留存 $1 - \beta y$ 的资本。此时的期望社会福利为 $\pi_S^R = y - 1 - \frac{1}{2}\delta -$

$$\frac{1}{2}\lambda\left[pb\frac{1}{y} + c(1 - \theta)(1 - p) + p\delta - \delta\right]。$$

4. 风险加权的资本充足率和杠杆率双重监管的情形

《巴塞尔协议Ⅲ》在原来风险加权的资本充足率上，新引入不依赖于银行所报风险的杠杆率监管要求。本小节考虑在风险加权资本充足率的基础上新加入一个内生的杠杆率监管要求，研究银行汇报风险的激励如何发生改变。在这种情形下，银行同时面临两种资本充足率监管要求，$k \geqslant 1 - \beta'y, k \geqslant k'$。

给定银行面临的杠杆率监管要求，如果银行安全资产的比重高于某一阈值，即 $\beta \geqslant \dfrac{1 - k'}{y}$，由于杠杆率监管的存在，银行始终有激励真实汇报风险。如果银行安全资产的比重小于此阈值，如果银行真实汇报风险，其期望收益为 $y - 1 - (1 - \beta y)\delta$。如果银行谎报风险 $\beta < \beta' \leqslant \dfrac{1 - k'}{y}$，其期望收益为

$$p[y - 1 - (1 - \beta y)\delta - f(\beta' - \beta)] + (1 - p)[y - \beta y + \theta\beta y - 1 - \delta + (1 + \delta - \theta)\beta'y]$$

比较银行真实汇报风险与谎报风险的期望收益，不难看出，如果 $f < (1-p)y(1-\theta+\delta)/p$，则银行会高报安全资产的权重 $\beta' = \dfrac{1-k'}{y}$。

可以发现，这一条件和引理3.2中所述条件相同。换言之，如果杠杆率监管的数值为 k'，对于风险较高的银行 $\left(\beta < \dfrac{1-k'}{y}\right)$ 而言，其在较差经济状态发生时仍然有激励谎报风险。尽管此时银行仍然谎报风险，但其谎报风险的程度有所下降：其汇报的安全资产比例从 $\beta' = \dfrac{1}{y}$ 下降到 $\beta' = \dfrac{1-k'}{y}$，因此，银行谎报风险的社会成本也有所下降。由此可见，加入杠杆率监管使得一部分风险较低的银行 $\left(\beta > \dfrac{1-k'}{y}\right)$ 真实汇报其风险，并降低了风险较高银行谎报风险的程度，从而降低了金融体系的整体风险。但是，杠杆率的引入使得风险较低的银行 $\left(\beta > \dfrac{1-k'}{y}\right)$ 被迫留存更多的资本，一定程度上降低了金融体系的效率。

因此，杠杆率的引入短期内将会对银行产生两方面影响。一方面，加入杠杆率监管降低了高风险银行谎报风险的程度，提高了其资本留存量，从而降低了银行破产的社会成本，也降低其期望的谎报损失。另一方面，杠杆率监管使得资产较安全的银行被迫多留了超额资本，从而增大其融资成本，也影响了社会效率。加入杠杆率监管对于社会效率的影响取决于上述两方面因素的相对大小关系。当杠杆率监管较为宽松时，杠杆率监管的积极影响占据主导；但是当杠杆率监管过于严格时，杠杆率监管的消极影响占据主导。

为设计最优的杠杆率监管政策，监管者需要在留存过多资本造成的效率降低和资本留存不足引发的风险之间寻求平衡。求解监管者的效用最大化问题可以得到下述命题。

命题3.1：短期内，如果监管者可以同时使用杠杆率和风险加权的资本充足率，最优的杠杆率监管数值为 $k'^* = \dfrac{\lambda\left[pb\dfrac{1}{y} + c(1-\theta)(1-p) + p\delta - \delta\right]}{\lambda\left[pb\dfrac{1}{y} + c(1-\theta)(1-p) + p\delta - \delta\right] + \delta}$。

当两种资本充足率监管同时存在时，期望的社会福利为

$$\pi_S^{LR} = y - 1 - \frac{1}{2}\delta - \frac{1}{2}\lambda\left[pb\frac{1}{y} + c(1-\theta)(1-p) + p\delta - \delta\right] +$$

$$\frac{\lambda^2\left[pb\dfrac{1}{y} + c(1-\theta)(1-p) + p\delta - \delta\right]^2}{2\left\{\lambda\left[pb\dfrac{1}{y} + c(1-\theta)(1-p) + p\delta - \delta\right] + \delta\right\}}。$$

从命题 3.1 中可以看出，最优的杠杆率监管是 λ 和 c 的增函数，是 θ、y 和 δ 的减函数。换言之，监管者制定最优的杠杆率监管标准时应立足本国经济金融运行的实际情况。当银行谎报资产风险的概率较高、银行破产的社会成本较大时，信息不对称带来的金融扭曲更加严重，监管者应对银行施加更加严格的杠杆率监管要求。与此同时，由于银行具有有限责任，如果银行通过谎报风险来少留资本，当风险资产失败时，存款者在银行的债务有一部分由政府来埋单，这对于银行是一种"隐性补贴"。因此，当风险资产成功的概率升高或者资产收益较高时，银行通过谎报风险少留资本的好处下降；银行谎报风险的激励下降，相应的杠杆率监管可以相对宽松。当银行融资成本较高时，为节约不必要的资本留存、提高监管效率，最优的杠杆率监管相对较为宽松。

三、新资本监管的长期影响评估

从长期来看，资本监管政策不仅会影响银行持有特定资产后汇报风险的行为，也会影响银行事前选择资产的行为。换言之，银行有充足的时间根据杠杆率监管要求调整其资产风险。事实上，资本充足率监管对银行行为的长期影响是监管者关注的重点。本部分研究当银行可以自由选择资产风险时，不同的资本监管政策对银行选择资产风险

和汇报资产风险的影响。

现实中，银行和贷款者之间存在较严重的信息不对称①。银行不同风险类型的资产对应不同偿还能力的贷款者。一些信用较好的贷款者有能力偿还贷款（对应安全资产），而一些信用较差的贷款者则存在违约风险（对应风险资产）。当不同的贷款者向银行申请抵押贷款时，由于贷款者的信用是其"软信息"（soft information），银行需要付出甄别成本去收集客户信息，才能把信用较好的优质客户甄别出来（Keys 等人，2010）。银行甄别的努力程度与资产风险之间的关系如下：银行付出甄别努力 e，则安全资产所占比例为 e，风险资产所占比例为 $1-e$。银行的甄别努力产生的成本为 $m\,e^2$，其中 m 为外生给定的非零常数②。模型时序如图 3.2 所示。

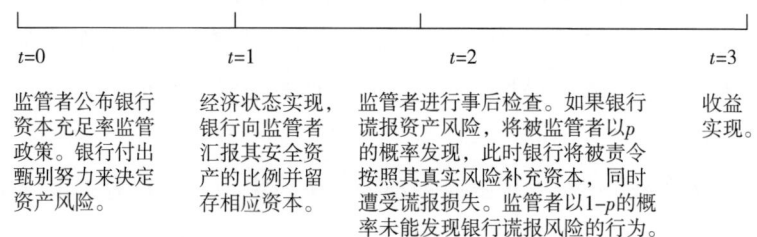

图 3.2 资本监管长期影响评估的模型时序

（一）完全信息的基准情形

完全信息下，银行甄别的努力程度 e 可以被观测。此时，监管者可以规定银行的甄别努力 e，并要求银行留取相应的资本 $1-ey$。为求解最优的银行努力程度，监管者求解下述最大化问题。

$$\max_{e} y - 1 - \delta(1 - ey) - m\,e^2 \tag{3.5}$$

容易解出，上式的求解结果为 $e^* = \dfrac{\delta y}{2m}$。

---

① 赵岳和谭之博（2012）详细分析了银行和贷款者之间的信息不对称。
② 这一假设借鉴了 Fender 和 Mitchell（2009）的研究。

为使银行留存的资本量 $1-e^*y$ 非负，本节做如下假设：

假设 3.3：$\dfrac{\delta y}{2m} \leqslant 1$。

在假设 3.3 满足时，社会最优时银行安全资产的比例处于 $[0,1/y]$ 的区间上，如果假设 3.3 不满足，银行付出甄别努力的成本非常小，以至于社会最优的资产配置应是完全无风险的资产。在这种情况下，监管者只需禁止银行投资风险资产，就可以实现社会最优。为使本章的分析更贴近现实，假设 3.3 在下文中始终成立。因此，社会最优时银行的努力程度（即安全资产比例）为 $e^* = \dfrac{\delta y}{2m}$，银行最优的留存资本为 $1-e^*y$。

（二）存在信息不对称的情形

当存在不对称信息时，监管者无法观察到银行甄别的努力程度 e。下文将比较不同的资本监管政策对银行选择风险行为和汇报风险行为的影响。

1. 没有监管的情形

由于银行具有有限责任，且甄别出安全资产需要付出一定的成本。在没有监管的情形下，银行没有任何动机对资产进行甄别。同时，由于资本相对于存款而言对银行是一种更加昂贵的融资方式，在没有监管的情形下，银行没有动机留存任何资本。此时，银行的甄别努力 $e=0$，留存资本为零，银行的期望利润为 $y-\theta$，期望社会福利为 $\widetilde{\pi}_S^N = y-1-c(1-\theta)$。

2. 单一杠杆率监管的情形

单一的杠杆率监管规定了银行最低留存的资本金 $k \geqslant \tilde{k}_L$。由于单一杠杆率监管不具备风险敏感性，银行没有动机对资产进行甄别，即 $e=0$。此时，银行的期望收益为 $y-\theta-(1-\theta+\delta)\tilde{k}_L$，期望社会福利为 $y-1-c(1-\theta)+[c(1-\theta)-\delta]\tilde{k}_L$。当假设 3.1 成立时，容易求出社会最优的杠杆率水平为 $\hat{k}_L^* = 1$，期望社会福利为 $\tilde{\pi}_S^L = y - 1 - \delta$。

3. 风险加权资本充足率监管的情形

当银行和监管者之间存在信息不对称时，银行首先向监管者汇报其安全资产的比例 e'，并按照资本充足率留存相应资本。监管者随后进行事后检查，以判断银行是否真实汇报其资产风险。这里依然考虑监管者要求银行按照完全信息下的最优资本充足率监管留取资本的情形，即风险加权的资本充足率监管为 $k \geq 1 - e'y$。此时，引理 3.2 的逻辑依然成立：如果银行努力程度（即安全资产比例）$e < 1/y$，银行在较差经济状态实现时有激励谎报风险 $e' = 1/y$。如果较好经济状态实现，银行始终有激励说真话。银行做资产选择的决策时，会最大化其在不同经济状态下的期望收益。求解银行的最大化决策可以得到以下引理。

引理 3.4：在风险加权的资本充足率约束下，银行甄别资产的努力 $e_R^* = \dfrac{\lambda\left[p\delta y + pb - (1-p)y(1-\theta)\right] + (1-\lambda)\delta y}{2m}$。[①] 银行在较差经济状态实现时将谎报其努力程度 $e' = 1/y$，在较好经济状态实现时选择说真话。此时社会期望收益为 $\tilde{\pi}_S^R = y - 1 + (1 - e_R^* y)\left[\lambda\delta - \delta - \lambda pb\dfrac{1}{y} - \lambda c(1-\theta)(1-p) - \lambda p\delta\right] - m\,e_R^{*\,2}$。

从引理 3.4 中可以看出，银行甄别资产的努力程度是 p、δ 和 b 的增函数，是 m 和 λ 的减函数。换言之，随着监管者监管能力的提升，银行将会努力降低资产风险，因为此时银行依靠谎报风险来少留存资本的难度加大。当资本成本上升时，银行更愿意留取少量资本，因此会努力降低资产风险以换取资本减免。随着银行谎报风险的损失增加，银行更愿意通过努力降低资产风险而非谎报风险来换取资本减免。与之相反，随着银行甄别资产风险的成本增加，或者银行预期到未来谎

---

① 此处的假设是 $p\delta y - (1-p)y(1-\theta) > 0$。

报风险的可能性较大，银行努力降低资产风险的意愿有所下降。

4. 风险加权资本充足率和杠杆率双重监管的情形

在这一小节，银行同时受到风险加权的资本充足率监管 $1 - e'y$ 和杠杆率监管 $\hat{k}'$，即 $k \geq \max(1 - e'y, \hat{k}')$。此时，银行选择风险资产和汇报风险的激励取决于杠杆率监管的具体数值。

给定银行面临的杠杆率监管要求，如果银行前期的甄别努力水平较低，即 $e < \dfrac{1 - k'}{y}$，银行会在较差经济状态发生时谎报风险 $e' = \dfrac{1 - k'}{y}$，在较好经济状态发生时真实汇报风险，并留存资本 $1 - ey$。预期到银行的汇报决策，银行在前期选择资产风险时，将权衡付出甄别努力的成本和甄别努力带来的资本减免好处，即最大化下式。

$$\underset{e}{\mathrm{Max}}\lambda\left\{p\left[y - 1 - \delta(1 - ey) - b\left(\frac{1 - \hat{k}'}{y} - e\right)\right]\right.$$
$$\left. + (1 - p)\left[y - \theta - ey(1 - \theta)\right] - \hat{k}'(1 - \theta + \delta)\right\}$$
$$+ (1 - \lambda)\left[y - 1 - \delta(1 - ey)\right] - me^2 \tag{3.6}$$

求解（3.6）可以得到，此时银行的甄别努力程度

$$e_{LR}^* = e_R^* = \frac{\lambda\left[p\delta y + pb - (1 - p)y(1 - \theta)\right] + (1 - \lambda)\delta y}{2m} \tag{3.7}$$

对比引理 3.4 可以看出，在较为宽松的杠杆率监管下，杠杆率约束非紧（not binding），加入杠杆率不会改变银行甄别风险的努力程度。但是，杠杆率监管降低了银行在较差经济状态发生时谎报风险的程度，进而降低了银行的谎报成本和银行破产的社会损失。

随着杠杆率约束逐渐趋严，杠杆率约束对银行选择资产的影响将逐渐显现，而风险加权的资本充足率约束非紧。值得注意的是，此时加入杠杆率监管会降低银行甄别风险的努力程度，因为银行通过付出甄别努力来获得资本减免的优势不复存在。在这种情形下，银行付出

甄别努力 $e_{LR} = \dfrac{1 - \tilde{k}'}{y}$，且在任何经济状态下均真实汇报其资产的风险。当杠杆率监管变得更加严格时，银行愿意付出的甄别努力进一步下降，离社会最优水平越来越远，进一步降低社会福利。由此可见，最优的杠杆率监管 $\tilde{k}'^* = 1 - e_{LR}^* y$。从上述分析中可以得到下述命题。

命题 3.2：长期中，如果监管者可以同时使用杠杆率和风险加权的资本充足率，最优的杠杆率监管数值为 $\tilde{k}'^* = 1 - e_{LR}^* y$。在均衡中，杠杆率约束和风险加权的资本充足率约束同时为紧。如果杠杆率监管要求是适宜的，它不改变银行选择风险的行为，但会降低银行在较差经济状态发生时谎报风险的程度，因而提升社会福利。此时的社会福利 $\widetilde{\pi_s^{LR}} = y - 1 - \delta(1 - e_{LR}^* y) - m\, e_{LR}^{*2}$。但如果杠杆率要求过于严格，即使风险加权的资本充足率依然存在，银行依然有激励选择高风险资产，金融体系总体风险上升。

从命题 3.2 可以看出，加入合适的杠杆率监管未改变银行选择风险的行为。此时，杠杆率的作用并不在于其激励银行选择较安全的资产，事实上，杠杆率不具备风险敏感性，无法激励银行选择低风险安全资产，其作用主要在于降低银行和监管者之间的信息不对称程度。由于杠杆率监管规定了银行至少留存的资本比例，这一比例不依赖于银行是否真实汇报其风险，因此银行通过谎报风险来少留资本的激励下降。与此同时，杠杆率监管通过规定银行最低留存的资本量，降低了银行破产可能带来的社会损失，从而增加了社会福利。

四、最优资本监管的政策设计

在评估不同资本监管模式对金融体系的短期和长期影响之后，接下来的一个问题是，何种资本监管模式是社会最优的？本节通过比较单一杠杆率监管、单一风险加权资本充足率监管和杠杆率监管与风险加权资本充足率监管双重模式下的社会福利，对最优的资本监管政策设计提出建议。

（一）短期内最优资本监管设计

通过对比不同监管模式下社会福利的变化，容易得到以下命题。

命题3.3：短期内，如果银行始终有激励真实报告资产风险，最优的资本充足率监管为风险加权的资本充足率监管。在其他任何情况下，杠杆率监管都是必要的监管工具。最优的资本监管模式取决于经济不景气时银行的谎报成本系数 b 和其他参数的大小关系。如果这一系数较低，$b \leqslant \dfrac{1 - \lambda(1 - p)}{\lambda p}[c(1 - \theta) - \delta]y$，最优的资本充足率监管是风险加权的资本充足率监管和杠杆率的双重监管。如果银行谎报成本系数较高，$\dfrac{1 - \lambda(1 - p)}{\lambda p}[c(1 - \theta) - \delta]y < b \leqslant (1 - p)y(1 - \theta + \delta)/p$，最优的资本充足率监管为单一的杠杆率监管。

命题3.3描述了短期内最优资本监管的工具选择。最优的资本监管工具取决于较差经济状态发生的概率以及银行谎报成本系数与其他系数的相对大小关系。如果较差经济状态发生的概率为零，即银行总有激励真实报告其风险类型，最优的资本充足率监管工具为《巴塞尔协议Ⅱ》中原有的风险加权资本充足率监管。此时经济的运作模式和完全信息下社会最优情形相同。如果较差经济状态发生的概率为正，银行在某些经济状态下总有谎报风险的动机，监管者需要引入杠杆率监管工具来规范银行行为。

杠杆率监管主要起到以下两方面的作用。第一，在较差经济状态发生时，由于监管者事后不一定能监测到银行谎报风险的行为，监管者通过风险加权的资本充足率规范银行行为的措施可能不会奏效。此时，采用对于资产风险一视同仁的杠杆率监管成为最有效的监管工具。通过引入不依赖于银行汇报行为的杠杆率监管，银行谎报风险的程度下降，因而被监管者发现后的谎报损失减小，社会福利提升。第二，杠杆率监管工具规定了银行在较差经济状态下最低留存的资本，减少了银行由于资本留存不足而发生破产的概率，降低了银行破产的期望救助成本。

但是，加入杠杆率监管并非没有成本。如果银行资产相对安全，其真实所需的资本低于杠杆率规定的资本水平，引入杠杆率监管将使其遭受一定效率损失。因此，监管者有限的监管能力并不能完全通过加入杠杆率监管来弥补。命题3.3表明，如果选取合适的杠杆率水平，加入杠杆率监管对整个金融体系的积极影响大于消极影响。因此，加入适宜的杠杆率监管可以提升整个社会福利水平。

从命题3.3中可以看出，在考虑信息不对称因素之后，最优的资本监管依赖于银行声誉成本的系数，较差经济状态发生的概率以及监管者的监管能力。因此，不存在一个"放诸四海而皆准"的资本监管工具，最优的资本充足率监管的工具和数值取决于不同经济环境的具体参数。如果较差经济状态发生的概率较低、银行谎报成本的系数较小，或者监管者的事后监管能力较强，风险加权资本充足率和杠杆率的双重监管模式是最优的资本监管设计。如果银行谎报成本的系数较高，较差经济状态发生的概率较高，或者监管者的监管能力很弱，一个单一的杠杆率监管可能比双重监管工具更优，其原因如下：当较差经济状态发生的概率较高，并且监管者的监管能力较弱时，监管者使用风险加权的资本充足率监管工具并不能达到让银行真实汇报其风险的目的。同时，一旦银行谎报风险的行为被监管者发现，银行还要付出一个较大的声誉损失成本，这一成本对于全社会而言是无效率的。因此，此时最优的资本监管是单一的杠杆率监管。

需要说明的是，命题3.3研究的是资本充足率监管工具实施后的短期影响，并未考虑引入杠杆率监管对银行选择资产行为的影响。正如后文即将讨论的，在长期中，单一的杠杆率监管无法成为最优的资本监管工具，风险加权资本充足率监管必不可少。

（二）长期中最优资本监管设计

通过对比长期中不同监管模式下的社会福利可以得到以下命题。

命题 3.4：长期中，如果银行始终有激励真实报告资产风险，最优的资本充足率监管为风险加权的资本充足率监管。在其他任何情况下，最优的监管模式都是风险加权资本充足率和杠杆率的双重监管。其中，最优的杠杆率监管数值为

$$\tilde{k}^{'*} = 1 - \frac{\lambda\big[p\delta y + pb - (1-p)y(1-\theta)\big] + (1-\lambda)\delta y}{2m}y$$

命题 3.4 描述了长期中最优资本监管的工具选择。如果较差经济状态发生的概率为零，即银行总有激励真实报告其风险类型，最优的资本充足率监管工具为《巴塞尔协议Ⅱ》中原有的风险加权资本充足率监管。如果较差经济状态发生的概率为正，最优的资本充足率监管工具为风险加权资本充足率与《巴塞尔协议Ⅲ》新提出的杠杆率监管的双重监管工具组合。两者分别从不同角度规范了银行行为，缺一不可。

风险加权的资本充足率之所以不可缺少，是因为这一资本监管对低风险资产要求的资本水平更低，从而赋予银行努力选择低风险资产的激励。银行甄别资产的努力有助于节约资本成本，并降低金融体系的整体风险。如果这一资本监管要求不存在，银行选择高风险资产的激励将大幅上升，从而增加整个金融体系的风险。

但是，单纯风险加权的资本充足率监管自身并不能成为最优的监管工具。正如本章之前所述，在风险加权的资本充足率监管标准下，如果监管者事后不一定能够准确得知银行体系的真实风险，银行在一定条件下仍有激励向监管者谎报风险，进而留存资本不足。此时，加入杠杆率监管可以在一定程度上弥补事后监管能力不足所带来的风险。通过引入合适的杠杆率监管，银行在任何经济状态下都需要留存一定资本，银行谎报风险的激励下降，期望的破产损失和破产成本随之下降。因此，当银行可以自主选择资产风险时，风险加权的资本充足率

监管和杠杆率监管缺一不可。

从命题3.2中可以看出，最优的杠杆率数值取决于不同经济环境的具体参数，如监管环境的宽松程度、银行的风险管理能力、市场约束力量等。最优的杠杆率监管是 λ 和 m 的增函数，是 θ 和 b 的减函数。当银行谎报资产风险的概率较高、银行甄别不同项目的成本较大时，银行和监管者之间的信息不对称问题更加严重，银行谎报风险的动机更高，监管者应对银行施加更加严格的杠杆率监管要求。相应地，由于银行具有有限责任，如果银行通过谎报风险来少留资本，当风险资产失败时，存款者在银行的债务有一部分由政府来埋单，这对于银行是一种"隐性补贴"。因此，当风险资产成功的概率升高，银行通过谎报风险来少留资本的好处下降，银行谎报风险的激励下降，相应的杠杆率监管可以相对宽松。同时，当监管环境较严、市场约束力量对银行行为起到良好的监督作用时，银行谎报风险的谎报损失增加，银行谎报风险的激励下降，最优的杠杆率监管较为宽松。因此，监管者在制定本国的杠杆率监管标准时要充分结合本国实际，避免杠杆率标准过松或过严。

需要指出的是，与完全信息的情形相比，风险加权资本充足率和杠杆率的双重监管模式仅是不完全信息下的"次优"选择，无法使金融体系的风险和金融监管的效率恢复到社会最优水平。因此，监管工具的优化设计不能替代监管者事后能力的提升建设。从这个意义上讲，提升事后监管能力、增加违规的事后惩罚力度、营造诚实守信的金融环境，是有效提高金融监管效率、提升金融系统稳健性的重要保障。

五、进一步讨论

本部分通过放宽模型的部分假设，在更广泛的范围内讨论资本监管工具的影响，从而提升模型的适用性和现实价值。

（一）风险资产收益改变

在上文的分析中，为了简化模型，本章假设风险资产与无风险资产的期望收益相同。下面将说明改变这一假设不会影响本章的主要结论。如果风险资产成功时的收益高于无风险资产（即 Y 升高），短期内，银行谎报风险的激励将不会受影响。此时，加入适宜的杠杆率监管仍将降低部分银行谎报风险的激励。长期中，如果风险资产收益增加，银行将有更多激励持有风险资产，因此均衡时银行的甄别努力减弱，银行体系的风险上升。与模型中两种资产期望收益相同的情形相比，此时监管者应施加更为严格的杠杆率监管，以约束银行谎报风险的行为。因此，改变风险资产的收益并不会影响本章的分析思路与主要结论。

（二）监管者对银行施以罚款的情形

本章假设银行谎报风险被监管者发现后将遭受谎报损失，这一损失既包括银行撒谎的声誉损失，也包括银行为应对监管者日后更频繁的检查所带来的成本等。这一假设与金融危机之前的情形较为对应。事实上，在金融危机之前，监管者对于违规银行往往只是要求在一定期限内尽快达到监管要求，并在事后加大对违规银行的监管频率，较少对银行施以金钱上的罚款①。因此，银行面临的监管惩罚多为隐性惩罚，惩罚成本也更多体现为声誉成本等隐性成本。从 2012 年开始，欧美的监管机构如美联储、英国的金融行为监管局（Financial Conduct Authority）逐渐加大了对违规银行的罚款力度，因此，下文将讨论当监管者可以对谎报风险的银行施以罚款时的情形。

当监管者对银行施以罚款时，银行的谎报损失既包含属于其私人信息的声誉损失等，也包含监管者可控的金钱上的惩罚。当监管者对银行施以罚款时，银行谎报的成本增加，谎报激励下降。从模型参数看，当监管者对银行施以罚款时，银行谎报风险系数的阈值降低，更多银行将有激励真实汇报其资产的风险，有助于提升社会福利。但需

---

① Estrella（2004）的研究指出，监管者对银行施加严厉的事后罚款的做法在现实中很少被采用。

要注意的是，罚款的使用并非没有边界。由于罚款是一种事后的金钱惩罚，如果对谎报风险的银行施加过严的罚款，有可能使得本来具有偿付能力的银行陷入破产[①]。因此，现实中常常出现事后的监管宽容（regulatory forbearance）[②]。当银行预期到这一点时，银行谎报风险的行为依然存在。与此同时，对银行的事后罚款也存在一些现实障碍，尤其是对于大型跨国金融机构而言，如果母国和东道国的监管标准存在不一致性，对跨国金融机构的事后罚款将变得更加困难。换言之，监管者对银行施以罚款并不能消除银行谎报风险的动机。只要银行谎报风险的激励依然存在，本章的结论依然成立。

六、政策建议

（一）信息不对称是金融监管政策设计中不可忽视的重要问题

银行和监管者之间存在的信息不对称会对现有资本监管工具的有效性产生重要影响。《巴塞尔协议Ⅱ》引入的内部评级法起初被认为是金融监管的巨大进步。但是，随着内部评级模型日趋复杂，银行资产负债表愈加不透明，信息不对称问题日益突出，内部评级法的"黑箱"效应逐渐显现出来。正如本章所分析的，在《巴塞尔协议Ⅱ》的风险加权资本充足率监管框架下，内部评级法的引入使部分银行有激励通过谎报风险实现少留资本的目的，从而提升了金融体系的潜在风险。《巴塞尔协议Ⅲ》中杠杆率监管标准的引入在一定程度上降低了由信息不对称导致的金融风险，具有一定的经济学合理性。

因此，监管者进行监管工具的设计时不能忽略信息不对称问题。

---

① 在本章模型中，如果银行谎报风险的行为被监管者发现，银行将补充资本使其资本恰好应对可能发生的损失。此时，如果监管者对银行施加金钱上的惩罚，当项目失败时，银行将资不抵债陷入破产。

② 关于监管宽容的更多讨论，可以参见 Nagarajan 和 Sealey（1995），Dreyfus 等人（1994），Morrison 和 White（2013）。

监管机构不能单纯追求监管政策设计本身的精准性、复杂性和完备性，而要将银行的行为动机纳入考量。内部评级法旨在使银行根据内部信息对资产风险给予最精准的评估，却同时给予了银行过高的自主性，反而在一定程度上提高了金融体系的内在风险。由此可见，金融监管政策的设计不能忽视信息不对称的存在，否则金融监管的有效性将大打折扣，很可能"事倍功半"或者"过犹不及"，甚至诱发金融机构追求高风险的行为，影响整个金融体系的稳定。目前，巴塞尔银行监管委员会正在进行内部评级法监管框架的修订，主要措施为限制内部评级法的适用范围，并对银行内部模型估计的风险参数设定底线。这一修订方向和本章提出的政策建议一脉相承，对于缓解金融体系的信息不对称程度、降低金融体系的系统性风险具有积极意义。

（二）新监管工具的设计应注重"成本—收益"分析，找出最优解

从本章的结论可以看出，在风险加权的资本充足率基础上加入适宜的杠杆率监管可以降低银行谎报风险的激励。最优的杠杆率监管应控制在一定的区间内，不能过松或过严。如果杠杆率监管标准过松，则难以有效降低银行谎报风险进而少留资本的不当行为；如果杠杆率监管标准过严，由于杠杆率监管不具备风险敏感性，有可能使银行有更多动机选择高风险资产，从而增加金融体系的风险。最优的监管政策与一国所处的经济金融环境息息相关，监管环境的宽松程度、银行的风险管理能力、市场约束的有效性等因素均会影响最优监管工具的设计。因此，不存在"放诸四海而皆准"的监管政策。一国监管者制定本国监管政策时应充分结合本国国情，加强事前对新监管工具的"成本—收益"分析与评估，找出其边际收益与边际成本相等时的最优解。从这个意义上讲，本章的分析既为《巴塞尔协议Ⅲ》中的杠杆率监管提供了理论基础，也为各国监管当局对杠杆率监管水平的进一步细化提供了启示。

（三）有效的制度约束和市场约束是提升金融监管有效性的重要保障

本章的研究表明，银行谎报风险被发现后所面临的损失大小是影响资本监管设计和金融体系风险的重要因素。现实中，银行谎报风险的损失和金融制度的完备程度与市场约束力量密切相关。正如 Walter（2010）所指出的，有效的市场规则会对金融监管起到重要的补充作用。因此，资本监管要想发挥应有之义，需要配套的金融市场提供支持，如成熟的资本市场。资本市场不仅是提供银行补充资本的平台，更应通过市场的约束力量和投资者的监督对银行的不审慎经营行为进行惩罚，从而增大银行违规经营的成本，提升金融监管的有效性。

（四）金融监管需要"长牙齿"，加大对违规行为的惩罚力度

在金融体系存在严重信息不对称的情形下，如果银行预期到其谎报风险的行为事后未必能被监管者觉察到，银行有很大的激励通过隐瞒风险降低资本留存。在巨大的利益面前，监管机构的口头警告充其量不过是纸上谈兵，而严厉的惩罚措施才是规范银行行为、降低信息不对称程度的重要保障。因此，金融监管要"长牙齿"，加大违规行为的惩处力度和信息披露程度，通过巨大的违规成本和声誉损失成本制约银行刻意隐瞒风险的行为，保障金融体系的健康运行。

第三节　小　　结

从理论上讲，金融监管存在的重要原因之一是缓解金融系统中信息不对称问题造成的市场失灵，但实践中，金融监管政策在降低信息不对称程度、防范金融风险方面做得还远远不够。《巴塞尔协议Ⅱ》中的风险加权资本充足率监管允许银行采用内部评级法自主评估其资产风险，默认银行会真实汇报其资产风险并据此留存相应资本。但这一监管政策忽略了信息不对称下银行谎报风险的动机，在 2007～2008 年的金融危机中颇受质疑。金融危机之后，以《巴塞尔协议Ⅲ》为代表的国际金融监管政策对资本监管框架进行了修订，对资本的数量和质量提出了更高的要求，限制了内部评级法的使用，并在原先风险加权的资本充足率基础上引入了杠杆率监管的新工具。

本章通过构建信息不对称的理论模型，对危机后的新资本监管政策进行了经济学分析。本章的研究表明，当银行和监管者之间存在信息不对称时，银行在《巴塞尔协议Ⅱ》的风险加权资本充足率监管框架下有谎报风险的动机，导致资本留存不足。加入合适的杠杆率监管有助于降低银行谎报风险的程度，从而增强金融体系的稳健性，提升社会福利，但若杠杆率监管标准过于严格，反而有可能诱发银行追求高风险的行为，增加金融体系风险。最优的杠杆率监管标准与一国监管环境的宽松程度、银行的风险管理能力、市场约束的有效性等因素息息相关，不存在"放诸四海而皆准"的监管政策。长期来看，风险加权的资本充足率监管和杠杆率监管分别从不同的角度规范银行行为，两者相互补充，缺一不可。

本章研究提出，金融监管政策的设计不能忽视信息不对称的存在，否则金融监管的有效性将大打折扣，很可能"事倍功半"或者"过犹不及"，甚至诱发金融机构追求高风险的行为，影响整个金融体系的稳定。与此同时，有效的市场约束和事后严厉的惩罚措施是提升金融监管有效性的重要保障。监管者制定本国监管政策时应综合考虑本国的金融制度和市场规则对银行行为约束的有效性，加强事前对监管工具"成本—收益"的分析与评估，真正制定出符合本国国情的资本监管规则。

第四章 流动性风险新监管政策研究

第一节 研究背景

金融危机之前，"流动性过剩"是全球金融市场主要面临的流动性问题，资产在市场中的变现能力接近其真实价值，监管机构对金融体系潜在的流动性匮乏风险估计不足。但是，"流动性过剩"在金融危机中出现了大幅逆转。危机中一些资产的流动性迅速枯竭，即便是之前被认为具有较高流动性的资产，在危机来临时变现能力也受到影响，不得不大幅折价"甩卖"（fire sale），造成部分银行资产大幅减记，甚至陷入资不抵债的破产境地。

危机之后，流动性问题受到各国监管当局的普遍关注。Brunnermeier 和 Pedersen（2008）将流动性分为市场流动性与融资流动性。市场流动性更多关注金融机构资产在市场上的变现能力，融资流动性则是对金融机构融资难易程度和融资成本的衡量。此次金融危机中，无论是市场流动性还是融资流动性都出现明显下降。市场流动性方面，以金融衍生产品为主的多种资产价格锐减，许多金融机构为获得流动性大量出售资产，资产价格急剧下降，使金融机构不得不出售更多资产，形成资产价格的螺旋式下降。融资流动性方面，不少金融机构依赖于短期批发型融资工具的融资模式，这一融资结构在流动性过剩的市场中可以通过不断展期得以存续，但一旦流动性趋紧，短期批发型资金纷纷撤资，使金融机构遭遇严重的流动性危机。近年来，抵押品的广泛使用增加了市场流动性和融资流动性之间的互动，使流动性危机的蔓延更加迅速。在流动性匮乏、抵押品价值下降的环境中，金融机构为获得融资不得不提高抵押品数量，进一步增加了流动性缺口，提升了流动性危机的传染性和破坏性。

与其他风险相比，流动性风险具有较强的不确定性。一方面，金融机构的流动性风险与其他各类风险密切相关[1]，难以被银行事前有效控制。银行的信用风险、声誉风险、市场风险、操作风险如果得不到有效控制，最终都有可能以流动性风险的形式表现出来。比如，由市场信心缺失带来的挤兑风波就是声誉风险演变为流动性危机的一种表现形式。另一方面，银行的流动性风险具有较强的传染性和系统性。随着金融机构之间的关联程度不断增强，单一金融机构流动性出现问题将导致其向市场提供流动性的能力大幅减弱，并通过市场价格渠道向其他金融机构传染，即使是与出现危机金融机构相关度不高的其他银行的偿付能力也可能出现问题。流动性风险不确定性的特征进一步增加了流动性风险监管的难度。

金融危机后，银行流动性风险监管的重要性逐渐被各国监管当局所重视。一方面，银行作为金融中介，天生具有"借短贷长"的流动性错配性质，因而面临更加严重的流动性风险。相较于非金融机构的融资结构[2]，银行的融资结构更有必要加以规范；另一方面，由于银行在金融体系中具有不可或缺的重要地位，一旦银行出现流动性危机，将对整个金融体系产生连带影响，造成巨大的社会成本。因此，有必要通过流动性风险监管政策，推动建立充分、高质量的流动性储备，要求银行拥有长期、稳定的融资来源。在此背景下，巴塞尔银行监管委员会加快了流动性风险监管改革的步伐，于 2008 年 9 月公布了《流动性风险管理和监管的原则》。2010 年 12 月，巴塞尔银行监管委员会公布了《流动性风险计量、标准和监测的国际框架》，提出了流动性覆

---

① 参见巴曙松和朱元倩（2011）。

② 关于非金融企业融资结构的讨论，参见谭之博和赵岳（2012）。

盖率和净稳定融资比例两个指标。

需要注意的是，流动性资产的变现能力很大程度上依赖于市场环境。而这又与金融市场的深度与广度以及市场参与者对资产价值的判断息息相关。因此，规范金融机构的流动性问题离不开市场参与者的预期和行为。随着资产证券化和复杂衍生产品的广泛运用，银行资产负债表愈加不透明，金融机构和金融市场中的信息不对称问题愈发严重，银行的道德风险和逆向选择问题更加突出。这将对融资流动性和市场流动性产生重要影响，进一步加剧了流动性风险的复杂性和不确定性，成为流动性风险监管中不可忽视的重要问题。

尽管危机后针对流动性监管的研究逐渐增多，但在信息不对称的框架下研究融资流动性和市场流动性互动的文献仍然为数不多。Plantin（2009）假设证券投资者通过持有证券可以获得关于证券的私人信息，具有私人信息的投资者数量会对证券价格和市场流动性产生影响。但其文献未考虑金融机构负债结构对流动性需求的潜在影响。Heider 等人（2015）提出，银行间借贷市场有助于平滑银行遭受的流动性冲击，但信息不对称的存在会减弱银行间借贷市场的平滑作用，使部分低风险银行退出借贷市场，不得不通过出售长期资产获得流动性。Malherbe（2014）提出金融机构持有现金会产生负的外部性，加剧未来长期资产市场的逆向选择问题，因为较高的现金持有量表明卖方出售资产更可能是基于出售劣质资产的动机，而非出于流动性需求，因此均衡时资产价格将相应降低。Bolton 等人（2014）讨论了内部流动性（银行持有的流动性资产）和外部流动性（银行通过出售长期资产获得的流动性）对均衡的影响，提出当信息不对称程度随时间不断升高时，银行可以获得的外部流动性降低，在一定条件下，银行会选择在流动性需求出现之前就提前卖出资产，导致资产的市场价格过低。但是，上述文献未讨论流动性风险监管的必要性和最优的流动性监管政策设计。

本章通过理论建模，分析了信息不对称下的道德风险和逆向选择问题如何影响市场流动性和融资流动性，从而加剧流动性危机"自我实现"的特性。在此基础上，本章提出引入流动性监管的必要性，并对不同情形下最优的流动性监管政策进行了探讨。

第二节　流动性监管政策的经济学分析

一、模型设定

考虑一个三期的经济体，$t = 0$，1，2。经济中有两类参与者：银行和外部投资者。这两类参与者均为风险中性。

为简化模型，假设经济中有两种不同类型的银行[①]：高风险银行和低风险银行。两种类型银行的总资产均标准化为1。银行可通过两种不同的方式持有资产，一是持有现金，二是投资一个长期项目，银行可以自由选择持有现金和投资项目的比例。不同类型银行的区别在于其可以投资的项目回报存在差异。低风险银行拥有的项目是无风险项目，单位无风险项目可以获得确定收益 r，其中 $r > 1$。高风险银行拥有的项目是风险项目，单位风险项目的收益服从如下分布：

$$\tilde{r} = \begin{cases} R & w.p \quad p \\ 0 & w.p \quad 1-p \end{cases}$$

假设 $R > r > Rp > 1$。换言之，高风险银行投资的项目一旦成功可以获得很高的收益，且期望收益为正，但高风险银行所投项目的期望收益不及低风险银行所投项目的期望收益。每家银行拥有的项目类型为其私人信息，无法被外部投资者所察觉。外部投资者仅知道市场中低风险银行所占比例为 λ。

融资方面，银行的融资来源主要有两类，分别是资本金融资和吸收存款。由于银行的资产被标准化为1，银行可以选择吸收存款 d，吸

[①]　此处假设连续分布的银行类型不会改变模型的主要结论。

收资本金 $1-d$。此处为简化模型，本章假设完全的存款保险制度[①]，因此存款是无风险的，在一个完全竞争的存款市场上，无风险利率假设为 1。在对银行资本金成本的刻画上，本章采取文献常用假设，将银行资本的单位成本设为 $1+\delta$。其中 $\delta>0$ 表明资本金相对于存款而言是一种成本更高的融资方式。对这一假设的一个诠释是银行股东拥有的外部投资机会可以获得 $1+\delta$ 的回报，因此股东会要求更高的报酬以弥补其机会成本。而存款者对于流动性的需求使他们愿意接受比外部投资机会更少的回报。

为更好地研究流动性监管对银行行为和金融体系风险的影响，本章将银行受到的资本充足率监管约束固定为 $d\leqslant\bar{d}$，即银行的负债比例不得超过某一常数。假设银行破产的社会成本为 c，考虑到银行破产将会对整个金融体系产生巨大的破坏性，此处 c 为一个很大的常数。

在长期项目到期之前，银行可能会受到不确定的流动性冲击。流动性冲击发生的概率为 q，此时，有 f 比例的存款者会出现一定的流动性需求，因而会将其存款从银行提出[②]。当流动性冲击发生时，如果银行持有的现金不足，银行需要将长期资产在市场中出售，以换取外部流动性。市场中投资者持有的总资金为 K，投资者可选择将这部分资金购买银行出售的资产，或者投资一个回报为 $\varphi(K)$ 的项目。如果项目的投入低于 K，当项目投入为 $x<K$ 时，项目的回报为 $\varphi(x)$，其中 $\varphi'(x)>0$，$\varphi''(x)<0$，即项目的边际回报递减。为简化起见，假设 $\varphi(x)=b\ln x$，其中 $b<K$。投资者可以看到银行留存现金的比例（下文将银行留存现金和投资长期资产的比重称为银行的资产结构）和吸

---

① 从 2015 年 5 月 1 日起，我国正式实施存款保险制度，各家银行向保险机构统一缴纳保险费，一旦银行出现危机，保险机构将对存款人提供最高 50 万元的赔付额。事实上，即使存款保险制度不存在或者部分存在，模型的主要结论也不会受到影响。

② 由于信息不对称的存在，存款者不知银行的风险类型，因此不论银行真实风险是高是低，均有可能面临一定的流动性冲击。

收存款的比例（下文将银行吸收存款和留存资本金的比重称为银行的资本结构）①，并据此形成预期。流动性冲击不发生的概率为 $1-q$，此时存款者没有取款需求，银行在长期资产到期前不存在流动性缺口。模型时序如图 4.1 所示。

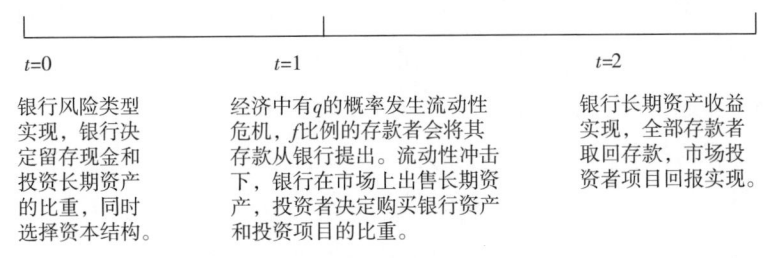

$t=0$	$t=1$	$t=2$
银行风险类型实现，银行决定留存现金和投资长期资产的比重，同时选择资本结构。	经济中有 q 的概率发生流动性危机，f 比例的存款者会将其存款从银行提出。流动性冲击下，银行在市场上出售长期资产，投资者决定购买银行资产和投资项目的比重。	银行长期资产收益实现，全部存款者取回存款，市场投资者项目回报实现。

图 4.1　模型时序

二、引入流动性监管工具的必要性分析

由于信息不对称的存在，外部投资者作出资产购买决策时无法准确判断银行资产的质量，银行出售资产的二级市场上可能存在分离均衡或者混同均衡。在分离均衡下，低风险银行的资产结构和资本结构不同于高风险银行，市场投资者可以据此判断银行的风险类型并对不同类型银行的长期资产支付不同的价格。在混同均衡下，低风险银行和高风险银行的资产结构和资本结构相同，市场投资者无法据此判断银行的风险类型，因此对所有银行出售的资产一视同仁。银行在不同均衡下会选择不同的资产结构。下文分别讨论不同均衡下银行的行为，研究引入流动性监管工具的必要性。

（一）分离均衡

在分离均衡下，高风险银行和低风险银行的资产结构和资本结构有所不同。假设低风险银行持有现金和吸收存款的比例分别为（m_1,

---

① 银行留存现金和资本结构都是上市公司年报中披露的内容，为公开信息。

d_1），高风险银行持有现金和吸收存款的比例分别为（m_2，d_2）。如果 $m_1 < fd_1$，$m_2 < fd_2$，所有银行在受到流动性冲击时均需要在市场上出售资产以获得外部流动性。假设低风险银行为获得足够流动性在市场上出售的资产数量为 Q_1，高风险银行为获得足够流动性在市场上出售的资产数量为 Q_2，低风险银行单位资产的出售价格为 P_1，高风险银行单位资产的出售价格为 P_2。不论市场中流动性大小，单位资产的出售价格不会超过其长期收益，即 $P_1 \leqslant r$，$P_2 \leqslant Rp$。

低风险银行的最大化问题为：

$$U_1(m_1, d_1) = \max_{m_1, d_1} q \text{Max}\{(1 - m_1 - Q_1)r - (1 - f)d_1, 0\}$$
$$+ (1 - q)[m_1 + (1 - m_1)r - d_1] - (1 + \delta)(1 - d_1) \quad (4.1)$$

高风险银行的最大化问题为：

$$U_2(m_2, d_2) = \max_{m_2, d_2} pq \text{Max}\{(1 - m_2 - Q_2)R - (1 - f)d_2, 0\}$$
$$+ p(1 - q)[m_2 + (1 - m_2)R - d_2] - (1 + \delta)(1 - d_2) \quad (4.2)$$

在分离均衡下，投资者的信念如下：如果银行持有的现金和吸收存款比例分别为（m_1，d_1），则它是低风险银行，否则它为高风险银行。给定投资者信念，分离均衡应满足下述条件：

$$m_1 + P_1 Q_1 = fd_1 \quad (4.3)$$

$$m_2 + P_2 Q_2 = fd_2 \quad (4.4)$$

$$\frac{r}{P_1} = \frac{Rp}{P_2} = \varphi'[K - \lambda(fd_1 - m_1) - (1 - \lambda)(fd_2 - m_2)] \quad (4.5)$$

$$U_2(m_2, d_2) \geqslant U_2(m_1, d_1) \quad (4.6)$$

对于所有 $m_1' + P_2 Q_1' = fd_1'$，均满足 $U_1(m_1, d_1) \geqslant U_1(m_1', d_1')$

$$(4.7)$$

在约束条件下求解银行的最大化问题，易得到以下引理：

引理 4.1：在高风险银行项目成功收益 $R < \dfrac{r - (1 - p)(1 - q)}{p}$，

且市场中流动性总量 $K > \underline{K}$ 时①，分离均衡存在，此时低风险银行事前持有现金为正，高风险银行持有现金为零。两种类型银行吸收存款比例均为 $\bar{d}$ 。

引理4.1的内在逻辑如下，由于高风险银行项目成功后的收益高于低风险银行，而一旦项目失败后的社会成本并不完全由高风险银行承担，因此，高风险银行存在更加严重的道德风险问题，其事前持有现金的动机低于低风险银行。低风险银行可以通过持有较多高流动性资产显示自己的安全性，但此时市场中的流动性不能太低，否则如果低风险银行预期到自己的资产将被贱卖，事前也没有动机持有较多的流动性资产。在分离均衡的条件下，由于道德风险问题的存在，高风险银行事前没有激励储备足够的高流动性资产。而一旦流动性危机发生，市场中可以提供的外部流动性不足，高风险银行有可能资不抵债陷入破产，增加金融体系的风险。此时，加入适当的流动性风险监管有助于降低高风险银行的道德风险行为，增强金融体系的稳定性。

命题4.1：如果高风险银行项目成功的收益 $R < \dfrac{r - (1 - p)(1 - q)}{p}$ ，且市场中流动性总量 K 满足 $\tilde{K} > K > \underline{K}$ 时②，分离均衡存在，高风险银行在受到流动性冲击时资产将被折价出售，此时内部流动性与外部流动性之和不足以支撑它渡过流动性危机，流动性危机转化为偿付能力危机。

从命题4.1中可以看出，如果流动性冲击下市场中流动性总量不足，高风险银行的资产将被折价出售，此时单纯依靠外部流动性不足以帮助高风险银行应对流动性危机。但即便如此，如果高风险银行项目成功的收益有限，高风险银行在事前依然没有动机留存足够的高流

---

① $\underline{K}$ 的具体函数表达式请参见附录。

② $\tilde{K}$ 的具体函数表达式请参见附录。

动性资产，即存在严重的道德风险问题。在流动性冲击下，高风险银行将因此丧失偿付能力，使流动性危机转化为偿付能力危机。因此，有必要通过事前的流动性风险监管增加银行的流动性资产储备，降低银行的道德风险问题，帮助其顺利渡过流动性危机。

（二）混同均衡

在混同均衡下，高风险银行有激励伪装成低风险银行，以提高其长期资产在二级市场上出售的价格。此时高风险银行和低风险银行的资产结构和资本结构相同，即 $m_1 = m_2, d_1 = d_2$。市场上的投资者无法根据银行的资产结构和资本结构判断银行的类型，因而对所有出售的资产出价相同，即 $P_1 = P_2 = P$。此时，低风险银行和高风险银行的最大化问题与分离均衡相同，即低风险银行的最大化问题为：

$$U_1(m_1, d_1) = \max_{m_1, d_1} q \text{Max}\{(1 - m_1 - Q_1)r - (1 - f)d_1, 0\} +$$

$$(1 - q)[m_1 + (1 - m_1)r - d_1] - (1 + \delta)(1 - d_1) \tag{4.8}$$

高风险银行的最大化问题为：

$$U_2(m_2, d_2) = \max_{m_2, d_2} pq \text{Max}\{(1 - m_2 - Q_2)R - (1 - f)d_2, 0\} +$$

$$p(1 - q)[m_2 + (1 - m_2)R - d_2] - (1 + \delta)(1 - d_2) \tag{4.9}$$

在混同均衡下，投资者的信念如下：如果银行持有的现金为 m^*，存款所占比例为 d^*，其有 λ 的概率为低风险银行，有 $1 - \lambda$ 的概率为高风险银行。给定投资者信念，混同均衡需满足如下条件：

$$m_1 = m_2 = m^* \tag{4.10}$$

$$d_1 = d_2 = d^* \tag{4.11}$$

$$m_1 + P_1 Q_1 = f d_1 \tag{4.12}$$

$$m_2 + P_2 Q_2 = f d_2 \tag{4.13}$$

$$\frac{\lambda r + (1 - \lambda)Rp}{P} = \varphi'[K - \lambda(f d_1 - m_1) - (1 - \lambda)(f d_2 - m_2)] \tag{4.14}$$

在约束条件下求解银行的最大化问题，易得到以下引理：

引理 4.2：如果 $R > \dfrac{r-(1-p)(1-q)}{p}$，或市场中流动性总量 $K < \underline{K}$ 时，市场中唯一存在的均衡为混同均衡。此时，无论是高风险银行还是低风险银行，其资产都将在市场上被贱卖，此时两种类型银行均没有激励持有足够的内部流动性。

引理 4.2 表明，在混同均衡下，由于逆向选择的存在，低风险银行无法将自身与高风险银行加以区别，因而无法按照真实价值出售资产。此时，无论是高风险银行还是低风险银行都面临着严重的道德风险问题，其事前均没有动机持有足够的流动性资产。此时，一旦流动性危机发生，市场中可提供的外部流动性不足，高风险银行和低风险银行都将资不抵债陷入破产，金融体系风险急剧增加。

命题 4.2：当混同均衡存在时，如果市场中流动性 $K < \hat{K}$①，无论是高风险银行还是低风险银行，在受到流动性冲击时资产均被折价出售，此时低风险银行的道德风险问题更加严重，内部流动性与外部流动性之和不足以支撑它渡过流动性危机，流动性危机转化为偿付能力危机。

从命题 4.2 中可以看出，逆向选择问题加剧了流动性危机的破坏性后果。在信息不对称较为严重的金融市场中，投资者难以区分银行变卖资产的质量，一旦发生流动性危机，无论银行资产风险高低都一律被"贱卖"。换言之，市场中的外部流动性不足以帮助银行渡过流动性危机。但在一定条件下，即使是资产质量较高的低风险银行也不愿在事前持有较多的高流动性资产。相比于分离均衡的情况，混同均衡下银行的道德风险问题更加严重。一旦发生流动性危机，整个金融体系将陷入困境，使流动性危机升级为偿付能力危机。因此，有必要事前通过流动性风险监管增加银行的流动性资产储备，降低银行的道德

---

① $\hat{K}$ 的具体形式请参见附录。

风险问题，帮助其顺利渡过流动性危机。

三、最优流动性监管的政策设计

如上文所述，当不存在流动性监管时，银行存在的道德风险问题使其事前高流动性资产储备不足。为规范银行行为，降低信息不对称引发的金融风险，有必要施加合适的流动性风险监管政策，保证流动性水平合理充裕。

命题 4.3 加入适当的流动性风险监管措施有助于降低高风险银行的道德风险。不同均衡下最优的流动性监管政策有所差异。分离均衡下，最优的流动性监管政策应使高风险银行的内部流动性和外部流动性之和恰好能够应对流动性冲击。混同均衡下，最优的流动性监管政策应使低风险银行的内部流动性和外部流动性之和恰好能够应对流动性冲击。

由此可见，在不同均衡类型下，银行道德风险问题的严重程度有所不同。在高风险银行项目成功收益较高或者市场中流动性总量较低时，市场中唯一存在的均衡是混同均衡。此时低风险银行难以通过调整资产结构和资本结构显示自己的风险类型，从而在市场上只能以低于资产实际价值的价格出售资产，导致资产价值被低估。当市场中流动性不足时，这种低估就更加严重。此时，低风险银行面临的逆向选择问题更加严重。监管者可以通过强制要求银行留存一定的流动性资产，使其内外部流动性之和满足流动性需求，进而在流动性冲击发生时有足够的偿付能力，保障金融体系的稳健性。

此时，流动性监管政策的作用主要体现在以下两方面。第一，通过要求银行事前留存适量的高流动性资产，降低流动性冲击发生时的流动性缺口，避免由于流动性缺口过大而在市场上折价销售导致的"流动性螺旋"，保证银行在流动性冲击下仍然具有足够的偿付能力。第二，通过要求银行事前留存适量的流动性，降低信息不对称所引发的道德风险问题，同时防止逆向选择可能导致的市场失灵使整个金融体系陷入流动性危机。流动性监管政策是降低金融体系道德风险问题的必要监管措施，对维护整个金融市场正常运转、提升金融体系的稳健性具有积极意义。

与此同时，流动性风险监管是一种事前监管措施，即要求银行在正常时期下留存足够的流动性以备压力时期使用。因此，当流动性冲击真正发生时，应允许银行使用正常时期内积累的流动性，此时银行体系的流动性可低于正常时期的水平。从这一角度讲，在设计流动性风险监管政策时，可考虑将流动性风险监管赋予一定的"逆周期"性质。

命题4.3同时表明，最优的流动性风险监管政策取决于经济中的具体参数，如市场参与者对银行资产价值的预期、银行资产种类、银行负债结构、流动性缺口大小等。当银行资产负债表不透明、信息披露程度较低时，外部投资者更难分辨在市场上出售的资产质量（即混同均衡存在），银行的道德风险和逆向选择问题更加严重，此时应对银行施加更严格的流动性风险监管。当银行短期不稳定负债比例过高时，流动性危机发生概率较大，应对银行施加更加严格的流动性风险监管。

四、政策建议

（一）金融市场中的信息不对称问题加剧了流动性危机的破坏性影响，进一步凸显流动性风险监管的必要性

本章的研究表明，银行的道德风险行为造成其事前优质流动性资产储备不足，当出现流动性危机时，金融资产难以按照其实际价值在市场上出售，资产价值缩水，银行可能因此丧失偿付能力，使流动性危机进一步演变成偿付能力危机。信息不对称导致的逆向选择问题进一步加剧了流动性危机的蔓延和传播。在信息不对称较为严重的金融市场中，投资者难以区分银行变卖资产的质量，一旦发生流动性危机，无论银行资产风险高低都一律被"贱卖"。当道德风险较为严重时，即使是资产质量较高的优质银行也可能不愿在事前持有较多的高流动性资产。一旦发生流动性危机，整个金融体系将陷入困境。随着资产证券化和复杂衍生产品的广泛运用，银行资产负债表愈加不透明，信息不对称造成的道德风险和逆向选择问题更加突出，流动性危机的破坏性更加严重，流动性监管政策的必要性也进一步凸显。

（二）适当的流动性风险监管有助于降低银行的道德风险行为，保持市场流动性合理充裕

适当的流动性风险监管有助于降低金融机构的道德风险行为。在合适的流动性监管政策下，即使金融机构受到一定的流动性冲击，其自身留存的流动性资产也可以在一定程度上应对流动性压力，降低潜在的流动性缺口，使市场上的流动性维持在较为均衡的水平，避免金融资产由于信息不对称在市场上被"贱卖"导致的偿付能力危机。但是，过于严格的流动性监管也可能引发一些负面效应，比如银行盈利能力下降、信贷紧缩等。

（三）推动金融机构建立充分的流动性储备，注重其融资结构的优化提升

事前的流动性监管措施对于防范流动性危机具有重要作用。资产方面，宜推动建立充分、高质量的流动性储备，以降低风险发生时的流动性缺口，减少资产在市场上被低价甩卖的程度，避免金融体系陷入"自我实现"式的恶性"流动性螺旋"。负债方面，应进一步优化金融机构的融资结构，提高长期、稳定的融资来源所占比例，降低短期批发型融资等不稳定融资来源的比例，从而降低银行遭遇流动性危机的可能性。

（四）最优流动性风险监管政策需要"因地制宜"

不存在"放诸四海而皆准"的流动性监管政策。最优的流动性风险监管政策取决于经济中的具体参数，如市场参与者对银行资产价值的预期、银行资产种类、银行负债结构、流动性缺口大小、外部投资者的潜在投资机会等。强化对投资者预期的引导，加强流动性信息披露，提升金融体系的整体资产质量，均有助于缓解信息不对称引发的逆向选择问题，进一步提升流动性监管的效率。与此同时，银行的流动性风险监管更多是一种事前监管。在流动性冲击真正到来时，银行需要使用正常时期积累下来的流动性资产来应对危机，因此，压力时期应放松银行的流动性监管要求。从这一意义上讲，流动性风险监管也应具有一定的逆周期性质。

第三节　小　　结

本章通过理论建模，分析了信息不对称下的道德风险和逆向选择问题如何影响市场流动性和融资流动性，从而加剧流动性危机"自我实现"的特性。当出现流动性危机时，市场中整体流动性不足，金融资产难以按照其实际价值在市场上出售，而是被"贱卖"。资产价值缩水进而影响到银行的整个资产规模，使其资不抵债，面临破产风险，丧失流动性的银行有可能因此丧失偿付能力，使流动性危机进一步演变成偿付能力危机。而银行作为具有有限责任的金融机构，不必承担其破产所带来的巨大社会损失，因而事前优质流动性资产储备不足，道德风险问题较为突出。与此同时，信息不对称导致的逆向选择问题进一步加剧了流动性危机的蔓延和传播。在信息不对称较为严重的金融市场中，如果市场深度和广度不足，流动性总量很低，银行因流动性不足导致的破产风险增加。在道德风险较为严重时，即使是资产质量较高的优质银行也可能不愿在事前持有较多的高流动性资产。一旦发生流动性危机，整个金融体系将陷入困境。

本章的结论表明，流动性危机具有某种"自我实现"的性质，而事前引入适当的流动性风险监管有助于避免流动性危机的发生。如果不施加流动性监管政策，由于道德风险的存在，即使银行预期到危机来临时市场中可能出现严重的流动性问题，导致资产被大幅"贱卖"，银行出于成本收益考虑也可能没有激励持有足够的优质流动性资产。银行这一道德风险行为将进一步增加危机发生时的流动性缺口，导致银行资产大幅折价出售，使流动性危机最终演变为偿付能力危机。在此背景下，监管者事前引入流动性风险监管政策，降低危机发生时的流动性缺口，对于打破流动性危机的"自我实现"，保障整个金融体系稳定运行具有重要意义。

最优的流动性风险监管政策取决于经济中的具体参数，各国在制定本国流动性风险监管标准时，应"因地制宜"，充分立足本国金融环境。对于资产不透明度较高、信息披露制度不尽完善、银行短期负债比重较高的经济体而言，其流动性风险监管应更加严格。与此同时，流动性风险监管应具有一定的"逆周期性"，应允许银行在压力时期使用正常时期积累下来的流动性资产，避免压力时期过于严格的流动性监管为金融体系造成额外负担。

第五章　逆周期新监管政策研究

第一节　研究背景

2007～2008 年的金融危机暴露出现行金融监管中存在的若干问题，其中之一就是危机前金融监管政策具有的顺周期性。一方面，资产评级所使用的风险权重具有明显的周期性特征，另一方面，公允价值会计准则带来的资产价值变动也加剧了顺周期性问题。因此，金融机构在经济繁荣期大幅进行扩张，积累起过高的资产规模和杠杆率，而当危机发生时，资产规模的急剧下降和"去杠杆"带来的信贷紧缩问题又会进一步增加经济下行压力，从而放大经济周期的影响。

为进一步提升金融体系的稳健性，《巴塞尔协议Ⅲ》构建了一套增强银行稳健性的工具体系，其中之一为逆周期资本缓冲工具。2010 年12 月，巴塞尔银行监管委员会发布的《各主权国家实施逆周期资本缓冲的指引》确定了各国监管当局实行逆周期资本缓冲的实施原则，提出了0～2.5%的逆周期资本要求，旨在通过提高繁荣时期银行体系的资本充足率要求，防止由于信贷过度增长而造成风险累积，避免在经济衰退时期大量风险集中爆发对银行体系和实体经济造成的损害。

巴塞尔银行监管委员会提出用信贷占国内生产总值的比重作为经济周期的衡量指标，在具体的计算方法上，首先计算出当年信贷占国内生产总值的比重，进而计算出信贷占国内生产总值的比重高出其历史趋势值的差额，即缺口率，以反映当前经济的繁荣程度。当缺口率超过某一界限时，银行应按一定比率计提逆周期资本缓冲。巴塞尔银行监管委员会将逆周期资本缓冲与缺口率设定为线性关系，即分别确定一个最高指标（H）和最低指标（L）[①]，在最高与最低区间内逆周期资本缓冲随缺口率线性增长，超过最高时记为2.5%，低于最低时记为0，本书第二章图2.1中绘出了《巴塞尔协议Ⅲ》要求的逆周期资本缓冲在不同经济时期的变化趋势。那么，巴塞尔银行监管委员会提出逆周期资本缓冲工具的理论依据何在？如何确定逆周期资本缓冲工具的起始点（最低指标）和结束点（最高指标）？最优的逆周期资本缓冲应该如何根据经济繁荣程度的变化而变化？这些问题仍待分析和解答。

在《巴塞尔协议Ⅲ》的逆周期资本缓冲提出之前，已有不少学者指出了《巴塞尔协议Ⅱ》下风险加权资本充足率监管的顺周期性。Bangia（2000）指出，银行内部模型中的各项参数具有比较明显的顺周期性，比如违约概率（probability of default）、违约损失（loss given default）等。Lowe（2002）以及Allen和Saunders（2003）的文献指出，当银行使用内部评级法计算风险权重时，给定其他条件相同，在经济繁荣时期银行资产的风险权重降低，而在经济衰退时期银行的风险权重升高，易造成银行在繁荣时期进行信贷扩张，在衰退时期进行信贷紧缩，引发经济的周期性波动。同时，一些文献建议采取动态调整的资本监管要求来降低《巴塞尔协议Ⅱ》顺周期的特性，通过在经济繁荣期提高银行的资本要求，在衰退期降低银行的资本要求，缓解紧缩时期出现的过度收缩（Gersbach和Wehspohn，2001；Estrella，2001；Shleifer和Vishny，2010）。Pennacchi（2005）提出，可以通过对资本不足的银行收取更高的存款保险保费的方式来弱化顺周期效应。不过，这些文献并没有对逆周期资本缓冲工具的形式和变化趋势进行具体的分析。

金融危机过后，探讨逆周期资本缓冲的文献开始增多，一些文献从不同层面分析了逆周期资本缓冲的积极意义。Jokivuolle等人（2013）

[①] 巴塞尔银行监管委员会的文件建议选取 $H = 10\%$ ，$L = 2\%$ 。

认为风险加权的资本充足率可以缓解银行和企业之间存在的信息不对称，经济衰退期间，银行和企业间信息不对称的程度下降，最合适的资本充足率监管应在经济下行时较为宽松。Lorenzoni（2008）提出竞争性的金融市场会造成事前过度放贷和事后的过度波动，导致整个社会的无效率，他提倡在信贷扩张时采取严格的监管政策，以降低金融危机发生时可能的预期损失，这与逆周期资本缓冲的监管思想相一致。Aikman 等人（2011）的文献指出，当银行和外部投资者存在信息不对称时，在经济形势较好时，由于利润较差的银行有更强的激励伪装成利润较好的银行，在一定参数条件下，提升资本充足率可以通过提高银行融资的成本，以降低差银行伪装成好银行的动机。Iasio 和 Quagliariella（2011）则从资产价格会影响银行努力的角度支持了逆周期资本缓冲，提出在一个代理成本较低、流动性较高的经济体中，应该在经济繁荣时期对银行施加更严格的资本充足率监管。另一些文献提出了逆周期资本缓冲可能存在的问题，Horvath 和 Wagner（2013）的文章认为逆周期资本缓冲在降低顺周期问题的同时，会鼓励银行选择与宏观经济形势相关度很高的项目，增大整个银行体系的系统性风险。Dewatripont 和 Tirole（2012）认为当经济体中的正向冲击和负向冲击可以彼此抵消时，逆周期资本缓冲在应对冲击时是有效的；在其他情形下，则应采取或有资本（Contingent Capital）和资本保险（Capital Insurance）等其他有效的监管措施。Kim 和 Mangla（2011）的文章对逆周期资本缓冲工具提出了一定质疑，认为逆周期资本缓冲工具在经济繁荣期施加更严格的资本约束会使银行更愿意从事不受监管约束的"影子"银行业务，反而承担更多风险。

尽管上述文献分析了加入逆周期资本缓冲工具的潜在影响，但它们都假设了银行和监管者之间的信息是充分的，即监管者可以根据银行的真实风险进行资本充足率监管。但是，正如本书第三章所讨论的，现实中银行的资产负债表非常复杂，银行和监管者之间存在较严重的信息不对称问题，现有的资本监管工具可能难以有效约束银行行为。因此，有必要考察信息不对称下加入逆周期资本缓冲对银行行为和金融体系风险的影响，探究最优逆周期资本监管在不同经济状态下的变化趋势和具体形式。

本章试图从银行和监管者信息不对称的视角出发，研究银行谎报风险的激励在不同的经济时期如何发生变化，从而为逆周期资本缓冲提供另一个维度的理论支持，是对现有文献的有益补充和发展。同时，本章将具体分析加入逆周期资本缓冲的起始点和结束点，以及逆周期资本缓冲随经济周期的具体变化形式，从而为逆周期资本缓冲的进一步完善和细化提供启示。本章的贡献主要体现在以下三方面。第一，与现有研究逆周期资本缓冲的文献不同，本章将银行和监管者的信息不对称引入模型，通过比较不同经济状态下银行谎报风险和扩张资产负债表的激励，为逆周期资本缓冲提供了一个新维度的支持。第二，本章对逆周期资本缓冲的探讨建立在现有的资本充足监管工具基础之上，风险加权的资本充足率监管在本章中依然存在，这与大多数文献仅仅讨论只存在一种资本充足监管工具的情况不同。第三，本章详细求出了加入逆周期资本缓冲工具的起始点和结束点，以及其随不同经济状态的具体变化趋势，并与《巴塞尔协议Ⅲ》中提出的线性增长的模式进行比较，从而为监管当局对这一新型监管工具的发展和细化提供了一定启示。

第二节　逆周期监管新工具的经济学分析

一、模型设定

考虑一个四期的经济体，$t = 0$，1，2，3。经济体中有两类参与者：银行和监管者。这两类参与者都是风险中性的。

经济体中有一个连续统的银行，每家银行可以选择投资两类可分的资产，一类是安全资产，另一类是风险资产。每种资产的前期投入均为 1。安全资产在价值实现时，可以得到一个不随经济状态而变化的收益 y。风险资产的收益依赖于其所投资项目的成败，项目成功时资产的收益为 R，项目失败时资产的收益为零。其中 $R > y > 1$。在不同经济状态下，风险资产成功的概率不同，用 θ 代表风险项目成功的概率。这里，θ 代表了不同的经济状态，在经济繁荣时期，风险资产成功的概率较高，θ 数值较大。[①] 在经济衰退时期，风险资产成功的概率较低，θ 数值较小，θ 为 $[0, 1]$ 之间的随机变量。风险资产的收益可以表示如下：

$$\tilde{r} = \begin{cases} R & w.p & \theta \\ 0 & w.p & 1 - \theta \end{cases}$$

不同银行之间存在异质性，主要体现在银行拥有不同的风险投资策略，这里的风险投资策略用银行在安全资产上的投资比例来表示。假设每家银行投资安全资产的比例为 β，β 在 $[\beta_1, \beta_2]$ 的区间上均匀分布，其中 $0 \leqslant \beta_1 < \beta_2 < \dfrac{1}{y}$。银行的风险投资策略 β 是其私人信息，无法被监管者所观察到[②]。

为了将银行扩张资产负债表的动机纳入模型，本章将银行的初始资本标准化为 1。银行可以选择吸收存款的数量以决定资产负债表的扩张程度[③]。为简化模型，本章仍假设完全的存款保险制度，因此存款是

① 本章模型中用风险资产成功的概率作为经济状态的衡量指标，本章将会在后文进一步说明，采用其他的衡量指标（如风险资产的收益等）不会影响模型的主要结论。

② 在这里，本章假设每家银行的风险投资策略外生给定，本章后文将会讨论允许银行内生选择其风险投资策略的情形。

③ 这里，本章假设银行只能通过吸收存款的方式来进行资产负债表规模的扩张，这一假设的一个现实诠释是，银行依靠发行资本进行融资有时并不容易，也正是基于这一点，资本充足率监管对银行体系的风险和社会的信贷总量影响较大（Blum 和 Hellwig，1995；Kashyap 和 Stein，2004）。本章后文将会讨论允许银行同时通过吸收存款和发行资本来扩张资产负债表的情形。

无风险的，在一个完全竞争的存款市场上，无风险利率假设为1。在对银行资本金成本的刻画上，本章仍采取银行相关文献的常用假设，将银行资本的单位成本设为 $1+\delta$。其中 $\delta>0$ 表明资本金相对于存款而言是一种成本更高的融资方式。

现实中，银行可以在不同的经济时期自行调整资产规模。对应到模型中，本章假设在经济状态实现后，银行可以决定其吸收存款的数量，以决定资产负债表的扩张程度。同时，银行还需按照《巴塞尔协议Ⅱ》风险加权资本充足率的规定向监管者汇报其风险投资策略（即安全资产的比例 β'），其资本充足率需满足资本监管的要求。监管者事后进行检查，如果银行谎报其风险，监管者以 p 的概率发现银行谎报风险的行为，并要求银行补充资本金到其应该持有的数量。除此之外，银行还会遭受一定的谎报损失，这一损失与其资产规模和撒谎程度均成正比，即 $F=f(\beta'-\beta)A$，其中 f 为一个常数，A 代表银行资产的总规模，由银行在 $t=1$ 时自行决定。由于监管者的事后监管能力有限，即使银行谎报资产风险，监管者也会以 $1-p$ 的概率无法察觉。

如果银行留存资本过少，一旦风险资产投资的项目失败，银行就会资不抵债进入破产清算。在这种情况下，监管者会向银行提供救助，救助金额为银行资产价值与债务价值之差。由于监管者对银行的救助资金来源于税收，因此救助会产生一定的效率损失。假设每一单位的救助资金产生额外的社会成本为 c。这里假设 c 是一个非常大的常数①，即银行破产后会产生非常大的社会损失。考虑到这一点，监管者会尽量降低银行破产的概率，要求银行留存足够的资本以应对潜在损失。

本章模型时序如图 5.1 所示。

二、逆周期资本缓冲的必要性分析

本节分析当银行和监管者之间存在信息不对称时，在现有的风险

---

① 本章后文将会讨论放松这一假设的情形。

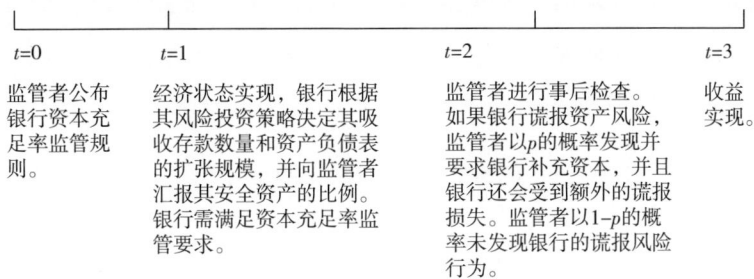

$t=0$	$t=1$	$t=2$	$t=3$
监管者公布银行资本充足率监管规则。	经济状态实现，银行根据其风险投资策略决定其吸收存款数量和资产负债表的扩张规模，并向监管者汇报其安全资产的比例。银行需满足资本充足率监管要求。	监管者进行事后检查。如果银行谎报资产风险，监管者以 p 的概率发现并要求银行补充资本，并且银行还会受到额外的谎报损失。监管者以 $1-p$ 的概率未发现银行的谎报风险行为。	收益实现。

图 5.1　模型时序

加权资本充足率监管下，银行资产负债表、信贷总量和金融体系的风险如何随不同的经济状态而变化。本节的分析为逆周期资本缓冲政策提供了理论基础。

（一）完全信息的基准情形

作为分析的起始，本章首先讨论完全信息下的情形，即监管者可以观测到银行风险投资策略（即安全资产的比例 β）的情形。接下来，本章将讨论监管者和银行存在信息不对称，即 β 不可观测时的情形。

引理 5.1：在完全信息下，银行投资安全资产的比例 β 可观测，此时最优的资本监管应采取风险加权的资本充足率形式，即 $\frac{k}{A} = 1 - \beta y$。

引理 5.1 可以理解为，当银行投资在安全资产上的比例 β 可以观测时，资本充足率监管可以表示为 β 的函数。若此时银行总资产为 A，当银行的风险项目失败时，银行只能获得 $A\beta y$ 的收益。由于银行破产会引发非常大的社会成本，监管者应尽可能减少银行破产的概率，即要求银行最多从存款者处吸收 $A\beta y$ 的存款，余下 $A(1 - \beta y)$ 融资应选择资本金的形式。由于超额的资本持有对银行和社会而言都是有成本的，最优情况下监管者应要求银行恰好保留足够的资本以应对可能发生的损失，因此银行的资本充足率为 $\frac{A(1 - \beta y)}{A} = 1 - \beta y$。

引理 5.1 说明，在完全信息的情形下，风险加权的资本充足率监管保证了银行在任何经济状态下都恰好留存了足够的资本以应对可能发生的损失，从而保证了银行体系的稳定性。由于银行的初始资本为 1，资本充足率要求银行资本占其资产的比例不能超过 $1 - \beta y$ ，因此，对于安全资产比例为 β 的银行而言，其将吸收 $\dfrac{\beta y}{1 - \beta y}$ 的存款，资产负债表的规模为 $\dfrac{1}{1 - \beta y}$ 。可以看出，当银行的风险投资策略可以被监管者完全观测时，银行扩张资产负债表的行为不受经济状态 θ 的影响。但是，正如本章下文所述，当银行和监管者之间存在信息不对称时，银行在不同经济状态下扩张资产负债表的激励有所差异。

（二）信息不对称的情形

当银行和监管者存在信息不对称时，银行在安全资产上的投资比例无法完全被监管者观测到。在《巴塞尔协议Ⅱ》规定的风险加权资本充足率监管下，银行向监管者汇报其安全资产的比例 β' ，如果银行谎报其风险，监管者进行事后检查，以 p 的概率发现银行谎报风险的行为，此时监管者会要求银行补充资本金到其应该持有的水平。同时，银行会付出一个谎报成本 F ，这一谎报成本与其谎报程度和资产规模成正比，即 $F = f(\beta' - \beta)A$ 。在有限责任下，银行有激励通过多吸收存款来实现资产负债表的扩张，但是资本充足率监管会限制其过度扩张资产负债表的激励。本章接下来将说明，当监管者的监管能力有限时，银行在一定条件下有激励通过谎报风险来实现过度扩张资产负债表的目的。

银行在做汇报决策时，会比较其真实汇报风险和谎报风险的相对收益大小。如果银行真实汇报其风险，在风险加权的资本充足率下，其资产负债表规模不得超过 $\dfrac{1}{1 - \beta y}$ ，其中银行的资本金为 1，向存款者吸收存款 $\dfrac{\beta y}{1 - \beta y}$ ，银行的收益可表示为

$$\pi_t = \theta\Big[\frac{(1-\beta)R+\beta y}{1-\beta y} - \frac{\beta y}{1-\beta y}\Big] + (1-\theta)\Big[\frac{1}{1-\beta y} - \frac{\beta y}{1-\beta y}\Big] - $$

$$(1+\delta) \tag{5.1}$$

如果银行谎报其安全资产的比例 $\beta' > \beta$，按照风险加权的资本充足率监管要求，银行资产负债表规模不得超过 $\frac{1}{1-\beta' y}$，其中银行资本为 1，向存款者吸收存款 $\frac{\beta' y}{1-\beta' y}$。如果银行谎报风险的行为未被监管者发现，银行的期望收益为

$$\pi_m^{nd}(\beta') = \theta\Big[\frac{(1-\beta)R+\beta y}{1-\beta' y} - \frac{\beta' y}{1-\beta' y}\Big] - (1+\delta) \tag{5.2}$$

但是，银行谎报风险的行为并非没有成本。如果银行谎报风险的行为被监管者发现，监管者会要求银行补充资本到其应有的水平，即补充资本金到 $\frac{1-\beta y}{1-\beta' y}$。同时，银行还会受到额外的声誉损失 $F = \frac{f(\beta'-\beta)}{1-\beta' y}$，此时银行的期望利润为

$$\pi_m^d(\beta') = \theta\Big[\frac{(1-\beta)R+\beta y}{1-\beta' y} - \frac{\beta y}{1-\beta' y}\Big] - \frac{(1-\beta y)(1+\delta)}{1-\beta' y} - $$

$$\frac{f(\beta'-\beta)}{1-\beta' y} \tag{5.3}$$

由于监管者发现银行说谎的概率为 p，未发现的概率为 $1-p$，银行说谎的期望收益为

$$\pi_m(\beta') = p\,\pi_m^d(\beta') + (1-p)\,\pi_m^{nd}(\beta')$$

银行谎报风险相对于实报风险的净收益为

$$\pi_m(\beta') - \pi_t = \frac{\beta'-\beta}{1-\beta' y}\Big\{\theta\Big[\frac{(1-\beta)Ry}{1-\beta y} - (1-p)y\Big] - p(f+y+\delta y)\Big\} \tag{5.4}$$

从式（5.4）中可以看出，当 $\theta\Big[\frac{(1-\beta)Ry}{1-\beta y} - (1-p)y\Big] - p(f+y+\delta y) \geq 0$ 时，银行谎报风险的收益是 β' 的增函数。换言之，如果银行有

激励谎报风险，它将谎报其安全资产比例 $\beta' = \beta_2$。因此，银行在做汇报决策时，将比较 $\pi_m(n) - \pi_t$ 与 0 的大小关系，如果其大于零，银行将谎报其安全资产比例 $\beta' = \beta_2$。

假设 5.1：$f \leqslant \dfrac{(1-\beta_2)Ry}{p(1-\beta_2 y)} - \left(\dfrac{1}{p} + \delta\right)y$

假设 5.1 使得经济繁荣度极高时（$\theta = 1$），经济体中总有一部分银行有激励通过谎报风险来过度扩张资产负债表。事实上，假设 5.1 是一个较为宽松的条件，可以看出，当 β_2 趋近于 $\dfrac{1}{y}$ 时，假设 5.1 始终满足。

通过以上分析，容易得到如下命题。

命题 5.1：在风险加权的资本充足率监管下，银行汇报其风险的决策依赖于其风险投资策略以及经济状态，当经济不景气时，即 $\theta < \theta_L$ $= \dfrac{p(f+y+\delta y)}{\dfrac{(1-\beta_2)Ry}{1-\beta_2 y} - (1-p)y}$ 时，所有银行都真实汇报其风险。当经济繁荣到一定程度，即 $\theta_L \leqslant \theta < \theta_H = \dfrac{p(f+y+\delta y)}{\dfrac{(1-\beta_1)Ry}{1-\beta_1 y} - (1-p)y}$ 时，安全资产比例处于 $[\beta(\theta),\beta_2]$[1] 区间内的银行将谎报其安全资产比例 $\beta' = \beta_2$，并过度扩张资产负债表；安全资产比例处于 $[\beta_1,\beta(\theta)]$ 区间上的银行将真实汇报安全资产比例。当经济繁荣度进一步提升至 $\theta \geqslant \theta_H$ 时，所有银行都谎报安全资产比例 $\beta' = \beta_2$。

图 5.2 较清晰地绘出了命题 5.1 中的主要结果。当经济不景气时，即 $\theta < \theta_L$ 时，所有银行均会真实汇报其风险。当经济繁荣度提升至一定程度时，即 $\theta \geqslant \theta_L$ 时，经济中一部分银行开始谎报其风险。

---

① 其中 $\beta(\theta) = \dfrac{1}{y}\left[1 - \dfrac{R(y-1)}{(1-p)y + \dfrac{pf+py(1+\delta)}{\theta} - R}\right]$。

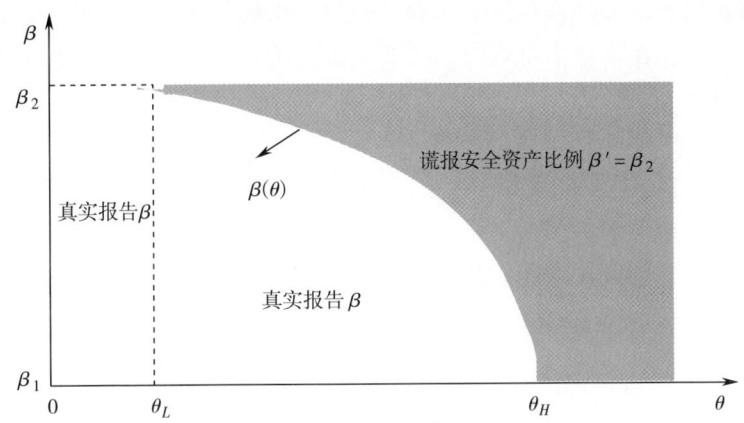

图 5.2　不同经济状态下银行谎报风险的动机

图 5.2 的阴影部分表示谎报风险的银行，可以看出，位于 $\beta(\theta)$ 到 β_2 之间的银行将谎报其安全资产比例 $\beta' = \beta_2$，即它是一家安全银行。当经济繁荣度很高时，即 $\theta \geqslant \theta_L$ 时，经济体中所有银行均有激励谎报其风险。

从命题 5.1 中可以看出，当经济繁荣到一定程度时，相较于风险资产比例较高的银行而言，低风险银行即 $\beta \in [\beta(\theta), \beta_2]$ 上的银行有更大的激励谎报其风险。这一结论乍一看有些反直觉，但细想就会明白其中的道理。银行是否谎报风险取决于银行谎报风险与银行真实报告其资产风险的收益对比。式（5.4）刻画了银行谎报风险相对于其真实报告风险的额外收益。进一步分析式（5.4）可以看出，银行谎报风险的额外收益受两方面因素的影响，一是扩张资产负债表的"倍数效应"，体现为分母上的 $1 - \beta y$；二是在资产负债表规模给定的情况下，单位风险资产的期望收益，体现为分子上的 $\theta(1 - \beta)R$。由于较为安全的银行需要满足的资本充足率较为宽松，因此在资本给定的情形下，其扩张资产负债表的"倍数效应"较高（分母较小）。尽管风险策略较为安全的银行投资在风险资产上的比重较低（分子较小），但是此时银行扩张资产负债表的"倍数效应"占据主导。换言之，较安全的银

101

行每多报一单位 β，其多扩张资产负债表的倍数更高。因此，当银行和监管者存在信息不对称时，风险策略较为安全的银行有更强的激励谎报风险。

从命题 5.1 可以看出，当 $\theta \geqslant \theta_H = \dfrac{p(f + y + \delta y)}{\dfrac{(1 - \beta_1)Ry}{1 - \beta_1 y} - (1 - p)y}$ 时，所

有银行都会谎报其风险策略。由于本章中用 θ 来衡量项目成功的概率，因此 θ 应该介于 $[0, 1]$ 之间。为了让本章的讨论更有意义，本章做如下假设：

假设 5.2：$\dfrac{p(f + y + \delta y)}{\dfrac{(1 - \beta_1)Ry}{1 - \beta_1 y} - (1 - p)y} < 1$

假设 5.2 保证了当经济体到达极度繁荣时，即 $\theta = 1$ 时，所有银行均有谎报风险的激励。换言之，在假设 5.2 下，当经济体在从不景气走向景气的过程中，谎报风险银行占全部银行的比例逐渐上升，直至最后所有银行都有谎报风险的激励。这一结论可以总结为命题 5.2。

命题 5.2：在只存在风险加权的资本充足率时，如果经济繁荣程度 θ 位于 $[\theta_L, \theta_H]$ 的区间上，谎报风险的银行占全部银行的比重是 θ 的增函数，即经济越繁荣，银行过度扩张资产负债表的动机越强，谎报风险的银行占全部银行的比重越大。

图 5.3 绘出了随着经济繁荣程度的提升，谎报风险的银行占全部银行的比重。可以看出，当经济繁荣程度较低，即 $\theta \leqslant \theta_L$ 时，谎报风险的银行比重为 0，当 $\theta \in [\theta_L, \theta_H]$ 时，谎报风险的银行比重不断上升。当 $\theta \geqslant \theta_H$ 时，谎报风险的银行比重为 1。

命题 5.2 说明，随着经济形势不断向好，银行风险资产的期望收益提高，银行通过谎报风险来扩张资产负债表的谎报收益较高，因此银行在经济繁荣度较高时有更大的激励谎报风险，从而扩张资产负债

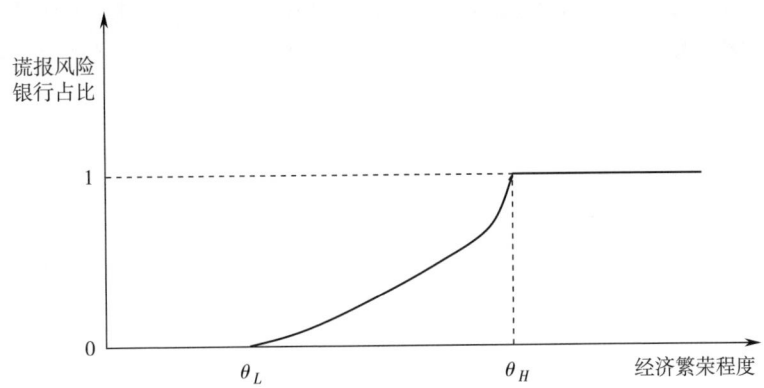

图 5.3　不同经济状态下谎报风险的银行占全部银行的比重

表，以谋求更高利润[①]。

由此可见，当银行和监管者之间存在信息不对称时，不同经济状态将会影响银行扩张其资产负债表的激励。随着经济繁荣程度的不断提升，越来越多的银行将通过低报风险来实现资产负债表的扩张。因此，在经济繁荣时期，经济体中银行的总规模也得到扩张。如果将本章银行的安全资产和风险资产理解成信贷资产，则经济中银行的总规模反映了经济中的信贷规模。换言之，在经济繁荣时期，银行信贷规模大幅增长。命题 5.3 总结了经济中银行总规模随着经济繁荣程度变化的趋势。

命题 5.3：在只有风险加权的资本充足率情况下，当经济繁荣程度 θ 位于 $[\theta_L, \theta_H]$ 的区间上时，经济体中银行资产负债表的总规模为 $\dfrac{1}{\beta_2 - \beta_1}\left[\dfrac{1}{y}\ln\left(\dfrac{1 - \beta_1 y}{1 - \beta(\theta) y}\right) + \dfrac{\beta_2 - \beta(\theta)}{1 - \beta_2 y}\right]$，是经济繁荣程度 θ 的递增函数。经济越繁荣，银行信贷规模越大。

---

①　Aikman 等人（2011）的文章也指出，经济越繁荣，银行采取不当行为的动机就越大，因此逆周期资本缓冲将有助于减弱银行的不当行为。不过他们的模型虽然考虑了银行和外部投资者的信息不对称，但是没有考虑银行和监管者之间的信息不对称。

从命题5.3可以看出，在风险加权资本充足率监管下，经济体中的信贷总量随着经济繁荣程度的提高而增加。换言之，银行在经济较繁荣时进行信贷扩张，在经济不景气时进行信贷紧缩，从而引发经济的周期性波动。从这个意义上讲，《巴塞尔协议Ⅱ》中风险加权资本充足率监管的顺周期性在本章中依然成立。不过，传统文献中顺周期性的作用渠道是银行资产的风险权重在不同经济状态下有所差异，而本章中顺周期性的作用渠道是银行在信息不对称下谎报风险的激励在不同经济状态下有所差异。由于在经济繁荣时期经济体中有更多银行谎报其风险，经济体中的银行信贷规模在经济繁荣期有较快增长。

但是，由于此时银行信贷规模的增长是银行通过谎报风险实现的，银行的资本金留存不足。换言之，在信息不对称存在时，银行实际的资本金并不足以支撑起如此庞大的信贷体系，银行体系的规模已经超过了社会最优的水平，存在过度信贷扩张，积累起较大的潜在风险。一旦银行的项目失败，银行将资不抵债陷入破产，对金融体系的稳定性产生较大冲击。同时，由于银行在经济繁荣时期资产负债表过度扩张，一旦银行破产，将会出现大幅信贷紧缩，造成较大的经济波动。与此同时，银行将面临巨额亏损，如果监管者选择用纳税人的钱对银行施加救助，这些损失最终将转嫁给监管者和纳税人，产生巨大的社会成本。因此，银行在经济繁荣时期谎报风险的行为将为整个金融体系积累起巨大的风险，为日后埋下较大隐患。因此，监管者应该限制银行在经济繁荣期过度扩张其资产负债表的行为，这也为《巴塞尔协议Ⅲ》中提出的逆周期资本缓冲提供了基础。

三、最优逆周期资本缓冲的政策设计

如前文所述，银行谎报风险的激励会随着不同经济状态的变化而变化。在经济繁荣时期，银行有激励通过谎报风险来扩张资产负债表，从而积累起较大风险。为了抑制银行在经济繁荣时期谎报风险的激励，监管者可以在经济繁荣到一定程度时加入逆周期资本缓冲，抑制银行过度扩张资产负债表的行为，从而增强金融体系的稳定性。

从命题 5.1 中可以看出，当经济繁荣程度达到 θ_L 后，单一的风险加权资本充足率监管已经无法有效约束银行行为，需要加入逆周期资本缓冲抑制银行谎报风险的激励。当 $\theta \geq \theta_L$ 时，考虑加入形式为 $\dfrac{k}{A} = n(\theta)$ 的逆周期资本缓冲。加入逆周期资本缓冲后，银行需要同时满足原有的风险加权资本充足率监管和逆周期资本缓冲的要求，即 $\dfrac{k}{A} \geq 1 - \beta y, \dfrac{k}{A} \geq n(\theta)$。

从命题 5.1 中可以看出，在原有风险加权资本充足率要求下，当经济状态 θ 位于 $[\theta_L, \theta_H]$ 区间上时，安全资产比例位于 $[\beta(\theta), \beta_2]$ 的银行有谎报其风险的激励。此时，加入逆周期资本缓冲的主要目的在于抑制这部分银行谎报风险的行为。对于安全资产比例 $\beta \in [\beta(\theta), \beta_2]$ 的银行来讲，如果逆周期资本缓冲的规模过小，即 $n(\theta) \leq 1 - \beta y$，逆周期资本约束非紧，加入逆周期资本缓冲不会完全消除银行谎报风险的动机。此时银行留存的资本金仍不足以在项目失败时支持银行偿付债务，银行破产的概率依然存在，监管者可以通过提升逆周期资本缓冲的规模进一步提高金融体系的稳定性。当逆周期资本缓冲提升至 $n(\theta) \geq 1 - \beta y$，由于逆周期资本缓冲的存在，风险策略为 β 的银行谎报风险的好处消失，银行将真实报告其风险。若要彻底消除银行谎报风险的激励，需要 $n(\theta) \geq 1 - \beta y$ 对于所有 $\beta \in [\beta(\theta), \beta_2]$ 区间上的银行均成立，即 $n(\theta) \geq 1 - \beta(\theta)y$。当 $n(\theta) = 1 - \beta(\theta)y$ 时，所有银行均有真实汇报其风险的激励。如果逆周期资本缓冲的规模进一步增加至 $n(\theta) > 1 - \beta(\theta)y$，过于严格的逆周期资本缓冲将会增加安全资产比例位于 $\left[\dfrac{1 - n(\theta)}{y}, \beta_2\right]$ 的银行的资本负担。此时，继续提升逆周期资本缓冲无法减少银行谎报风险的激励，还会进一步抑制银行资产负债表的规模，使其低于社会最优水平，降低全社会的信贷总量。因此，逆周期资本缓冲不应超过 $1 - \beta(\theta)y$。

因此，当经济状态 θ 位于 $[\theta_L, \theta_H]$ 区间上时，逆周期资本缓冲应采取 $n(\theta) = 1 - \beta(\theta)y$ 的形式，即 $n(\theta) = \dfrac{R(y-1)}{(1-p)y + \dfrac{pf + py(1+\delta)}{\theta} - R}$。

容易看出，最优的逆周期资本缓冲是 θ 的增函数。当经济繁荣程度进一步提升至 $\theta \geq \theta_h$ 时，由于此时在风险加权的资本充足率下，所有银行均有激励谎报其风险，此时加入的逆周期资本缓冲需使 $\beta = \beta_1$ 的银行有真实汇报其风险的动机，即 $n(\theta) = 1 - \beta_1 y$。上述分析可以总结为命题5.4。

命题5.4：当经济繁荣到一定程度，即 $\theta \geq \theta_L$ 时，加入逆周期资本缓冲有助于抑制银行谎报风险的激励。最优的逆周期资本缓冲规模应在 $[\theta_L, \theta_H]$ 区间上单调递增，在 $[\theta_H, 1]$ 区间上保持其水平值。在经济状态处于 $[\theta_L, \theta_H]$ 之间时，逆周期资本缓冲规模为 $n(\theta) = \dfrac{R(y-1)}{(1-p)y + \dfrac{pf + py(1+\delta)}{\theta} - R}$，当 $\theta \geq \theta_H$ 时，逆周期资本缓冲为 $n(\theta) = 1 - \beta_1 y$。

图5.4画出了逆周期资本缓冲随经济繁荣程度的变化趋势。可以看出，当经济繁荣程度到达一定程度时，有必要加入逆周期资本缓冲，降低银行谎报风险的动机。随着经济体中谎报风险的银行越来越多，监管者需要施加更加严格的逆周期资本缓冲才能抑制银行谎报风险的行为。当经济繁荣程度达到一定程度时，逆周期资本缓冲保持水平。

推论5.1：在经济状态处于 $[\theta_L, \theta_H]$ 之间时，最优的逆周期资本缓冲是经济繁荣程度的凸函数。

与《巴塞尔协议Ⅲ》中提出的逆周期资本缓冲随经济繁荣程度线性增加的结论不同，推论5.1指出，最优的逆周期资本缓冲应该是经济繁荣程度的凸函数。这是因为，随着经济繁荣程度的提升，银行谎

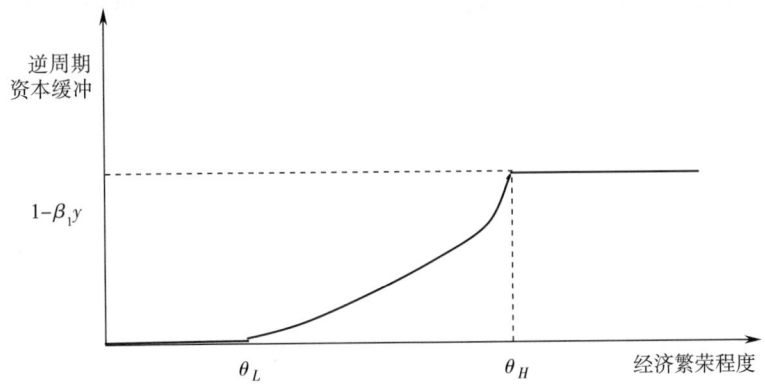

图5.4　逆周期资本缓冲随经济繁荣程度的变化趋势

报风险的激励并不是线性增加的。随着经济繁荣程度的不断上升，银行谎报风险的激励变得更强，谎报风险的银行占全部银行的比重上升得更快。因此，当经济更加繁荣时，逆周期资本缓冲增加的速度也应该更快。

推论5.2：逆周期资本缓冲的起始点 θ_L 是 R 的减函数， δ、p 和 f 的增函数。即当风险项目的成功收益较高、资本成本较小、事后监管能力较弱、银行谎报损失较小时，应该在经济繁荣初期就对银行施行逆周期资本缓冲。

当银行风险项目成功的收益较高时，银行过度扩张资产负债表以追求高收益的动机变得更强，在经济繁荣早期就有银行通过谎报风险扩张资产负债表，因此应在经济状态好转的初期就对银行施加逆周期资本缓冲。当资本成本降低时，由于银行过度扩张资产负债表的行为被监管者发现后，将被责令补充资本到其应该持有的水平。随着资本成本的下降，银行过度扩张资产负债表的动机增强。当监管者的监管能力较弱时，银行谎报风险被发现的概率较小，银行谎报风险的动机较强。当银行谎报风险被发现的谎报损失系数较小时，银行谎报风险的损失减小，因此银行有更强的动机谎报风险。因此，当资本成本较小、监管能力较弱、银行谎报损失较小时，应该在经济繁荣早期就对银行施加逆周期资本缓冲。

推论5.3：逆周期资本缓冲是 R 的增函数，δ、p 和 f 的减函数。即当风险项目的成功收益较高、资本成本较小、监管能力较弱、银行谎报损失较小时，应该对银行施加更严格的逆周期资本缓冲。

推论5.3的逻辑与推论5.2相近。在本章中，对银行施加逆周期资本缓冲应使得处于谎报阈值的银行恰好有激励真实汇报其风险，从而抑制银行过度扩张资产负债表的行为。随着风险项目成功收益的提高，银行谎报风险的激励上升，经济体中将有更多的银行有谎报风险的激励，因此应该对银行施加更严格的逆周期资本缓冲。随着资本成本降低，监管能力变弱，银行谎报风险的损失变小，银行谎报风险的激励增强，经济体中谎报风险的银行比重上升。此时，为了给予银行真实汇报其风险的激励，监管者应该施加更严格的逆周期资本缓冲。

值得注意的是，本章引入的逆周期资本缓冲形式为 $\dfrac{k}{A} = n(\theta)$。这一逆周期资本缓冲与经济状态密切相关，却不依赖于银行的风险策略。这是因为，当银行和监管者之间存在信息不对称时，银行的风险策略不能被监管者完全观测。如果逆周期资本缓冲仍然依赖于银行汇报的风险策略，银行依然可以通过谎报风险降低逆周期资本缓冲的有效性。因此，在监管能力有限时，监管者需要一种不依赖于银行汇报风险的监管工具，才能在经济繁荣时期有效抑制银行谎报风险的激励，逆周期资本缓冲应该采取随经济状态适时调整的杠杆率形式。从这个意义上讲，本章的结论也同时支持第三章的部分结论，即加入杠杆率监管能在一定条件下降低银行谎报风险的激励，从而增进社会效率。

但是，逆周期资本缓冲监管在纠正信息不对称带来的扭曲的同时，又产生了一种新的扭曲。具体而言，为了使风险策略处于谎报阈值的银行有真实报告其风险的动机，监管者压缩了风险策略较安全的银行的资产负债表规模，即模型中风险策略处于 $\left[\beta(\theta),\beta_2\right]$ 区间上的银行的规模低于社会最优水平。逆周期资本缓冲在降低银行体系风险的同时，也降低了银行体系的规模，从而抑制了经济体可获得的信贷总量。因此，加入逆周期资本缓冲仍然无法使社会效率恢复到社会最优水平，监管者有限的监管能力并不能通过监管工具的设计完全弥补。

四、进一步讨论

（一）经济繁荣度的衡量指标

本章前文的讨论中用风险资产成功的概率 θ 作为经济周期的衡量指标，即当经济较繁荣时，银行风险资产成功的概率较高。本节将说明，采用不同经济繁荣程度衡量指标不会影响本章的主要结论。

现实中，当经济较为繁荣时，银行资产的期望收益往往较高。因此，银行风险资产的收益 R 也可以作为经济繁荣程度的衡量指标。当经济繁荣程度较高时，银行风险资产成功后的收益较大。此时，如果银行选择谎报其风险，就可以通过资产负债表的扩张吸收更多的风险资产，在风险资产期望收益增加的情形下，银行的谎报收益变大。因此，银行谎报风险的激励会随着经济繁荣程度的提高而上升，这与本章的主要结论相一致。因此，银行在经济繁荣期依然会过度扩张资产负债表，从而累积起较高风险。因此，监管者有必要在经济繁荣到一定程度时加入逆周期资本缓冲，来抑制银行谎报风险的激励。

（二）银行破产的社会成本

为了简化模型，本章之前假设了银行破产的社会成本足够大，因此监管者应把维护金融体系的稳定性放在首要位置。本小节将放宽这一假设，讨论当银行破产的社会成本较小时的情形。

由于银行在做决策时只考虑最大化自身的利益，银行破产的社会成本并不进入银行的目标函数，而只会进入监管者的目标函数。因此，当信息不对称存在时，银行通过谎报风险来扩张资产负债表的激励依然会随经济繁荣程度的升高而提升。监管者在做资本充足率监管的决策时，会面临过低的资本充足率导致的金融体系风险累积和过高的资本充足率导致的信贷紧缩之间的权衡取舍。在银行破产的社会成本较高时，监管者考虑的首要因素是防止银行过度扩张资产负债表引发的金融风险。当银行破产的社会成本较低时，监管者将会降低资本充足率监管要求，防止过严的资本充足率监管造成社会信贷总量过低。但是，只要银行谎报风险的激励始终存在，在经济繁荣到一定程度时加入逆周期资本缓冲监管依然是必要的，只是其规模会随着银行破产的社会成本的降低而降低。因此，本章的主要结论依然成立。

（三）银行自主选择风险策略的情形

本章出于简化模型的考虑，将不同银行的风险投资策略外生给定。本小节将考虑银行可以内生选择其资产风险的情形。在这里，本节考虑不同银行对经济状态 θ 的预期不同，进而根据其对经济状态的预期内生选择其风险投资策略。具体而言，经济状态 θ 的具体取值只能被监管者观测到，而每家银行只能观测到一个有噪音的私人信号 θ_i，θ_i 越高表明其对经济状态越乐观。

银行对经济状态的看法 θ_i 对其风险投资策略有两方面的影响。第一，当 θ_i 较大时，由于风险资产的期望收益较高，银行更愿意投资风险资产。第二，当 θ_i 较大时，由于此时多投资风险资产可以获得更高的收益，银行有更强的动机扩张资产负债表，而在有效的资本充足率监管下，提高安全资产的投资比例有助于银行进一步扩张资产负债表，银行投资安全资产的激励也上升。因此，银行的风险投资策略如何变化取决于两方面因素的相对大小和经济体中的其他经济参数。当银行可以通过谎报风险绕开资本充足率监管时，对经济状态看法较乐观的银行有较大的激励选择风险较高的投资策略，同时通过谎报风险来扩张资产负债表，进一步加剧经济中的风险。当经济繁荣程度提高时，更多的银行有激励通过谎报风险来过度扩张资产负债表，同时选择风险更高的投资策略。此时，加入逆周期资本缓冲对于抑制银行谎报风险的行为和提升金融体系的稳健性有着更为重要的作用。

（四）允许银行吸收资本的情形

本章假设银行的资本存量始终为 1，在资本充足率的要求下，银行通过吸收存款的方式来进行资产负债表的扩张。本小节将说明，允许银行同时通过吸收资本来扩张资产负债表并不会改变本章的主要结论。由于资本相对于存款是一种更为昂贵的融资方式，银行更愿意通过吸收存款而非吸收资本的方式进行融资。同时，由于银行的有限责任，在银行无法偿清债务时将由社会承担一部分损失。因此，银行有激励通过少吸收资本和多吸收存款进行融资。在完全信息的情形下，如果经济繁荣程度较高，风险资产的期望收益较高，银行将有激励通过吸收资本的方式进行资产负债表规模的扩张。但是，当信息不对称存在时，如果监管者的监管能力不足，银行仍有激励通过谎报风险而非吸收资本的方式扩张资产负债表。同时，经济繁荣程度越高，银行通过谎报风险来过度扩张资产负债表的激励越大，因此，在经济繁荣期加入逆周期资本缓冲仍然可以降低银行谎报风险的激励，提升金融体系的稳健性，本章的主要结论依然成立。

第三节　小　　结

本章研究了不同经济周期下的资本充足率监管，考察《巴塞尔协议Ⅲ》提出的逆周期资本缓冲对银行行为和金融体系稳定性的影响。本章的结论表明，当银行和监管者之间存在信息不对称时，在《巴塞尔协议Ⅱ》中的风险加权资本充足率监管下，银行有激励通过谎报风险来过度扩张资产负债表。在不同的经济时期，银行谎报风险的激励也存在差异。在经济繁荣时期，经济体中有更多的银行有激励通过谎报风险来实现信贷规模的过度扩张。从这个意义上讲，《巴塞尔协议Ⅱ》中的资本监管呈现出较为明显的顺周期性。由于此时银行的资本留存不足，金融体系累积起较高风险，一旦银行项目失败，大量风险集中爆发，会对金融体系和实体经济造成较大损害。因此，当经济繁荣到一定程度时，监管者应当加入逆周期资本缓冲，降低银行通过谎报风险过度扩张资产负债表的激励，提升金融体系的稳定性。

本章发现，施加逆周期资本缓冲的起始点和变化趋势取决于本国的一系列宏观和微观指标。如果一国风险投资收益较高、资本补充渠道较为顺畅、监管环境较为宽松、市场自律对银行行为的约束作用有限，应在经济刚开始"过热"时就及早施加逆周期资本缓冲。逆周期资本缓冲的数值应随着经济繁荣程度的升高而增加，并在到达一定程度后保持稳定。本章同时指出，《巴塞尔协议Ⅲ》中建议的线性变化的逆周期资本缓冲可能不适用于所有情形。由于银行行为具有顺周期性，在一定条件下，经济繁荣程度越高，逆周期资本缓冲的提升应该越快，即逆周期资本缓冲随经济繁荣度的提高呈凸函数上升。

逆周期资本缓冲工具的设计应充分考虑金融体系中存在的信息不对称问题。目前，《巴塞尔协议Ⅲ》中提出的逆周期资本缓冲作用于风险加权的资本充足率监管之上，即评判银行资本充足率是否满足逆周期资本缓冲的要求时，分母仍然是风险加权的资产水平。本章的研究表明，在信息不对称情况下，"杠杆率"形式的逆周期资本缓冲对于提升银行体系稳健性也是必要的。从这一角度讲，本章结论既为《巴塞尔协议Ⅲ》中逆周期资本缓冲提供了理论基础，也对其进一步细化和完善提供了启示。

第六章 系统重要性金融机构新监管政策研究

第一节 研究背景

随着经济全球化和金融自由化的不断推进，金融机构由分业经营逐渐向混业经营转化，在此过程中诞生了一些规模庞大、结构复杂、产品丰富的大型金融机构。这些金融机构在金融市场中占有举足轻重的地位，与市场中其他金融机构关联度很高，其庞大的规模和过高的市场集中度使其具有一定的系统重要性。一旦其经营不善面临破产危机，政府预期到任其倒闭将引发严重的系统性危机，因此政府将选择救助而不是任其倒闭。2007~2008年席卷全球的金融危机充分暴露了这些"太大而不能倒"的金融机构存在的道德风险问题，引发了各国监管当局对系统重要性金融机构和系统性风险的广泛关注。

金融危机之后，金融机构的系统重要性和金融机构之间的高关联度引发了越来越多的政策讨论（Gorton，2010；Gorton 和 Metric，2011），其中的一些观点也体现在新近修订的金融监管协议中。2011年11月，巴塞尔银行监管委员会发布了《全球系统重要性银行：评估方法及附加的损失吸收要求》，2013年7月，巴塞尔银行监管委员会再次发布这一文件的更新版。在此文件中，巴塞尔银行监管委员会制定出全球系统重要性银行的评估方法。这套方法选取了能够反映一家银行对整个金融体系稳定性的影响指标，并将其分为跨经济体活跃性（跨境业务）、规模、关联性、所提供金融基础设施的可替代性和复杂性5

大类共 12 个指标。根据这套方法，金融稳定理事会每年都会对全球主要银行进行评估，根据评估结果挑出得分最高的银行列为全球系统重要性银行。进一步地，监管者将这些系统重要性银行按照得分从高到低分为 5 组，对不同组别的银行追加不同的附加核心资本要求。第一组最低，第五组最高，附加资本要求从 1% 到 3.5% 不等。

在《巴塞尔协议Ⅲ》对系统重要性银行的评估指标中，其中一项重要的指标就是银行关联度。现实中，银行相互关联有多种体现形式，如银行间市场相互借贷、相互持有资产、相互持股、相互交易等，而对银行资产负债表的分析有助于进一步探究银行之间的关联形式。表 6.1 和表 6.2 分别列出了汇丰银行（2015 年全球系统重要性排名第一的银行）主要的资产项目和负债项目。

表 6.1　　　　汇丰银行资产负债表中的主要资产项目

(2015 年 12 月 31 日)

主要资产项目	金额（百万美元）
客户贷款	924454
金融投资	428955
衍生品	288476
交易资产	224837
逆回购	146255
……	
总资产	2409656

表 6.2　　　　汇丰银行资产负债表中的主要负债项目

(2015 年 12 月 31 日)

主要负债项目	金额（百万美元）
客户存款	1289586
衍生品	281071
交易负债	141614
回购	80400
……	
总负债	2212138

通过对汇丰银行资产负债表主要项目的分析，不难发现，客户贷款与客户存款分别是其资产负债表下最主要的项目，这反映了银行作为金融中介的基本功能，即吸收存款并把资金投向能产生利润的贷款项目。进一步分析其资产负债表的其他项目可以看出，银行之间的回购（repurchase agreement）和逆回购①（reverse repurchase agreement）均在资产负债表上占据了较大比例。一些证据也表明，在金融危机爆发前，银行之间的关联度大幅提高，其中很大一部分是通过在回购市场上用抵押品进行相互借贷来实现的②（Martin 等人，2011；Dang 等人，2013）。那么，银行为什么通过回购市场向其他金融机构融资，又同时将资金通过逆回购的方式借给其他金融机构？银行关联度和金融体系的系统性风险之间存在什么关系？金融体系自发形成的关联程度是否是社会最优的？对关联度过高的系统重要性银行实施附加资本监管会对金融体系产生什么影响？这些是本章关注的主要问题。

金融危机之后，系统性风险为越来越多的学者所关注。Wagner（2010）提出，金融机构可以通过多样化分散投资来降低其破产风险，但这一做法会增加金融体系整体的风险，由于分散投资的好处会随着多样化程度的提升逐渐下降，当银行体系的多样化达到一定程度时，进一步通过多样化来分散个体风险就不再是明智之举。Acemoglu 等人（2013）探讨了金融网络和系统性风险的关系，比较了不同金融网络结构对外生冲击的抵御能力。Allen 等人（2010）提出金融机构通过相互持有资产可以分散风险，当金融机构大多采用短债（short – term debt）进行融资时，金融网络结构对金融体系的稳定性有重要影响。不过，具体研究银行在回购市场的关联程度对金融稳定性影响的文献并不多

---

① 逆回购是回购的反向操作，即向对手方贷出资金并收取一定的抵押品，承诺在未来某一时点收回资金并将抵押品归还。

② 现实中，银行关联度有多种体现形式，比如银行间相互持股、相互持有资产，相互交易等。本章重点研究回购市场上银行的行为，用银行间在回购市场上的相互借贷规模作为银行关联度的衡量指标。本章的分析也可适用于其他形式的银行关联。

见。在监管方面，尽管一些文献提出应该根据不同金融机构对系统性风险的贡献程度施加不同的资本充足率监管（Chan - Lau，2010；Huang 等人，2012），鲜有文献从理论上具体分析系统重要性金融机构的附加资本监管对金融体系稳定性的影响。因此，有必要通过严谨的理论模型，分析银行关联度与系统性风险之间的联系，评估对系统重要性金融机构附加资本监管对其行为和金融体系的影响。

第二节　系统重要性金融机构监管新工具的经济学分析

一、模型设定

考虑一个四期的经济体，$t = 0，1，2，3$。经济体中有两家风险中性的银行，以及众多风险中性的存款人。

每家银行可以选择投资自有项目，也可以选择在银行间回购市场上将钱借给另一家银行。银行自有项目为风险项目，其收益的分布相同。项目初始投资为 A，如果项目成功，每 1 单位投资可以获得收益 Y_h，如果项目失败，每 1 单位投资可以获得收益 Y_l。

其中 $Y_h > 1 > Y_l \geq 0$。项目成功的概率取决于银行在风险管理方面付出的努力程度 e。项目的单位收益可以表示如下：

$$\tilde{Y} = \begin{cases} Y_h & w.p \quad e \\ Y_l & w.p \quad 1-e \end{cases}$$

e 是银行的私人信息，不能被其他银行和投资者所观测[①]。银行付出努力的成本为 $m\,e^2$。两家银行的项目是否成功相互独立。除了投资

---

① 这一假设较好地反映了银行资产的质量往往是其私人信息的现实。银行可以通过付出一定的甄别努力，提高其贷款客户中优质客户（即能按时偿还贷款的客户）的比例，而银行的甄别努力程度无法被其他银行和存款者所观测。

自有项目之外，银行也可以在回购市场上将钱借给另一家银行（逆回购），并获得另一家银行的抵押品。假设银行借钱给另一家银行的金额为 L，并收取对方银行 A^c 资产作为抵押，双方约定到期后借款方归还贷款方 $L(1 + R)$，其中 R 即为逆回购利率。

负债方面，银行可以选择资本金融资、吸收存款以及在银行间市场上融资。本章将存款者外部投资机会的收益标准化为 1，并假设存款者拥有的资金量足够大[①]。在对银行资本金成本的刻画上，本章采取银行相关文献的常用假设，将银行资本的单位成本设为 $1 + \delta$。其中 $\delta > 0$ 表明资本金相对于存款而言是一种成本更高的融资方式。同时，银行也可以将自有项目作为抵押[②]在银行间市场上向另一家银行融资，每单位银行间市场的融资会产生交易成本 ε。这里假设 ε 是一个非常小的正数[③]。银行在回购市场的融资金额记为 L'，需要抵押的资产数量记为 $A^{c'}$，回购合约到期后银行需归还 $L'(1 + R')$，其中 R' 为回购利率。监管者可以通过施加一定的资本充足率监管，要求银行资本金占其总资产的比例不得低于 n。

由于银行在银行间回购市场上的交易有抵押品做担保，因此，如果银行在回购市场上违约，其抵押品将归交易对手所有，银行并不会进入破产程序。在存款市场上，如果银行资产价值不足以还清存款，银行进入破产程序。假设银行的资产被清算后，其中 α 比例的资产价值会损失，存款者只能得到 $1 - \alpha$ 比例的资产价值，其中 $\alpha \in (0, 1)$。这里的 α 可以看做银行的破产成本[④]。

---

① 这一假设保证了整个经济不会出现流动性不足的情形。

② 在金融危机前夕，银行发行的资产抵押债券（ABS）是回购市场上常见的抵押品。这一债券的标的资产即为银行的自有项目，其收益会受到银行努力程度的影响。

③ $\varepsilon > 0$ 使得，当银行从银行间市场无论融资多少都无差异时，银行将选择最少的银行间融资额。由于 ε 是一个非常小的常数，不会影响本章主要结果，这一变量在后文计算中不再出现。

④ 这一假设借鉴了 Allen 等人（2010）的文献。Jensen 和 Meckling（1976）指出，由于债务过高导致企业可能遭受的破产成本是企业债务融资的主要缺点之一。

图 6.1 详细刻画了模型的时序。在 $t = 0$ 时，监管者规定每家银行的资本充足率监管要求，银行选择其努力程度 e，银行的努力水平决定了自有项目的期望收益。$t = 1$ 时，银行在满足资本监管要求的前提下，选择资本金融资、吸收存款和从回购市场融资的金额，存款市场的利率以及回购市场上的抵押品和利率均内生决定。$t = 2$ 时，银行可以将融到的资金投入自有项目，或在逆回购市场上借给另一家银行，并获得一定数量的抵押品。$t = 3$ 时，项目收益实现，存款合约、回购合约和逆回购合约到期，各方收益实现①。

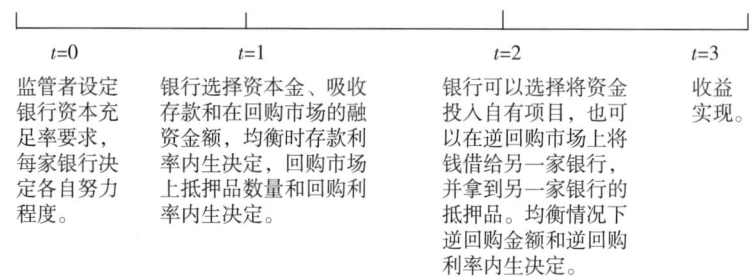

图 6.1　模型时序

本章首先研究社会最优（即银行的努力程度可以被观测）时的均衡情况，分析银行通过回购市场相互关联的益处，接下来分析当银行的努力程度不可观测时，均衡情况下银行的努力程度和银行关联度如何偏离社会最优水平。最后分析对系统重要性银行加入附加资本监管将如何改变银行行为和金融体系的系统性风险。

二、系统重要性金融机构的形成动因

作为分析的基准，本小节首先分析完全信息下的情形，即银行的努力程度可以被观测时的情形，旨在通过比较不存在银行间市场和存

---

①　为简化模型，此处假设银行的自有项目在 $t = 3$ 时收益实现，存款合约和回购合约在 $t = 3$ 时到期，因此不存在期限错配（maturity mismatch）问题。

在银行间市场的两种情形下银行行为和期望收益的变化，探究系统重要性金融机构的形成动因。

（一）不存在银行间市场的情形

当不存在银行间回购市场时，银行只能通过资本金和吸收存款的方式进行融资。为了简化模型，本章将首先研究 $n = 0$ 的情形，即不存在资本充足率监管的情形。后文将进一步分析资本充足率监管对银行行为和金融体系风险的影响。

由于银行资本金成本较高，在没有资本充足率监管时，银行将选择完全通过吸收存款的方式进行融资。由于银行自有项目的规模为 A，银行需要吸收存款的数量为 A。由于此时不存在银行间市场，银行是否违约取决于其自有项目是否成功。由于 $Y_h > 1 > Y_l$，当银行自有项目失败时，银行项目收益不足以还清债务，银行进入破产程序。由于银行破产后只有 $1 - \alpha$ 比例的资产价值归存款者所有，当银行的努力程度可以观测时，均衡情况下存款利率 r_{NR} 由下式决定：

$$A = eA(1 + r_{NR}) + (1 - e)(1 - \alpha)A Y_l \tag{6.1}$$
$$s.t. \ Y_h \geqslant (1 + r_{NR})$$

在式（6.1）成立时，存款者的期望收益为零，银行的期望利润为

$$\pi_{NR}(e) = e[A Y_h - A(1 + r_{NR})] - m e^2 \tag{6.2}$$

当银行的努力程度可以观测时，社会最优的努力程度即为最大化式（6.2）的 e 值，容易得到以下引理。

引理6.1：在完全信息下，若不存在银行间市场，社会最优的银行努力程度为 $e_{NR}^* = \dfrac{A(Y_h - Y_l) + A\alpha Y_l}{2m}$，银行的期望利润为 $\pi_{NR}^* = \dfrac{[A(Y_h - Y_l) + A\alpha Y_l]^2}{4m} + A(1 - \alpha) Y_l - A$。

（二）存在银行间市场的情形

当存在银行间市场时，银行可以从银行间回购市场上以 $A^{C'}$ 数量的自有项目作为抵押吸收资金 L'，回购合约到期时承诺归还 $L'(1 + R')$。

同时，银行也可以选择将一部分资金 L 在逆回购市场上借给另一家银行，并拿到 A^C 数量的另一家银行资产作为抵押，逆回购合约到期时获得 $L(1+R)$ 的收益。由于模型中两家银行是同质的，为了分析的简化，本章只考虑对称均衡存在的情况，即 $L = L'$、$A^C = A^{C'}$ 和 $R = R'$ 的情形。在下文的分析中，将统一用 L、A^C 和 R 分别代表银行在回购市场上的融资额、抵押资产数量以及回购利率。

银行在回购市场上的均衡条件可以写为

$$L = eL(1 + R) + (1 - e) A^C Y_l \tag{6.3}$$

$$s.t. \ A^C Y_l \leqslant L(1 + R)$$

$$A^C Y_h \geqslant L(1 + R) \tag{6.4}$$

可以看出，当银行在回购市场融资为 L，并用 A^C 数量的自有资产作为抵押时，如果银行自有项目成功，在约束条件（6.4）满足的条件下，银行将按回购合约的规定回购资产，并连本带息付给对方银行 $L(1+R)$；如果银行的自有项目失败，由于银行抵押品的价值低于合约规定的还款额，银行将选择违约，抵押品 A^C 归对方银行所有。

如果银行的回购市场上的融资额满足式（6.5），当银行自有项目失败，另一家银行项目成功时，银行自有项目的收益与逆回购的收益之和仍可以支付银行还清存款者的债务。

$$(A - A^C) Y_l + L(1 + R) \geqslant A(1 + r_R) \tag{6.5}$$

其中 r_R 代表存在回购市场时存款市场上的均衡利率，在式（6.5）成立的条件下，只要经济中至少有一家银行的项目成功，在银行间回购市场存在的条件下，两家银行均不会破产。

引理 6.2：（均衡的唯一性）在完全信息的条件下，当存在银行间回购市场时，均衡情况下存款利率、回购市场的融资额、抵押品数量及回购利率存在且唯一。

引理 6.2 说明了完全信息下市场均衡的唯一性。均衡时 L、R、r_R 和 A^C 均可以表示为银行努力程度 e 的函数。由于存款者和回购市场贷款方的期望利润均为零，且银行的破产成本已经体现在均衡的存款利率中。此时银行的期望利润可以在一定程度上代表社会福利。求解此时社会最优的银行努力程度及相应银行利润，可以得到以下命题。

命题6.1：在完全信息下，当存在银行间回购市场时，银行之间相互关联可以降低个体风险，提升社会效率。此时社会最优的银行努力程度 $e_R^* = \dfrac{A(Y_h - Y_l) + 2A\alpha Y_l}{2m + 2A\alpha Y_l}$，社会最优的银行关联度 $L^* = \dfrac{[A - AY_l + \alpha(1 - e_R^*)^2 AY_l][Y_l + e_R^*(Y_h - Y_l)]}{(2e_R^* - e_R^{*2})(Y_h - Y_l)}$。

从命题6.1中可以看出，社会最优时的努力程度为 $e_R^* = \dfrac{A(Y_h - Y_l) + 2A\alpha Y_l}{2m + 2A\alpha Y_l}$，由于银行的努力程度也是项目成功的概率，而项目成功的概率应介于 $[0, 1]$ 之间，因此，有意义的 e_R^* 值应该小于等于1，即 $m \geq \dfrac{1}{2}A(Y_h - Y_l)$。在下文的讨论中，本章假设这一关系始终成立。

假设6.1：银行努力成本系数与项目收益之间的关系满足 $m \geq \dfrac{1}{2}A(Y_h - Y_l)$。

命题6.1说明了银行通过相互关联提高其系统重要性程度的内在动因。由于银行破产后其资产只能折价赔偿给存款者（$\alpha > 0$），而存款者预期到这一因素，会在存款市场中向银行索要更高的利率，降低银行的预期利润。换言之，虽然本章中银行是风险中性的，但是银行破产后的部分资产价值损失使得本章中的银行具有了某种"风险厌恶"（risk averse）的性质。因此，银行有激励降低其破产概率，而银行间回购市场的存在有助于银行降低个体风险。由于不同银行项目是否成功相互独立，当银行在回购市场上的借贷金额满足一定条件时，即使银行本身的自有项目失败，如果另一家银行的项目成功，则另一家银行会按照逆回购合约将所借资金归还给这家银行，此时银行自有项目的收益和在逆回购市场上的收益之和就可以抵清所有负债，从而避免破产损失。

从上述分析中可以看出，在完全信息下，适宜的银行关联度可以通过分散个体风险来提升社会效率。因此，银行通过提高相互关联程度来提升其系统重要性有其内在合理性。但是，正如下文即将要看到的，当银行的努力程度无法观测时，均衡情况下银行的行为可能会偏离社会最优水平，从而造成效率损失。

三、信息不对称与多重均衡

下文将讨论信息不对称下银行努力程度的变化，探讨银行体系自发形成的关联度是否会偏离社会最优水平，以及对系统重要性银行加入附加资本监管的意义。

（一）不存在银行间市场时的均衡

与之前的分析相似，本小节首先分析不存在银行间市场时的情形。当银行的努力水平不可观测时，在存款市场上，存款者只能根据其对于银行努力程度的预期来做决策。因此，存款市场上的均衡条件变为：

$$A = e_E A(1 + r_{NR}) + (1 - e_E)(1 - \alpha) A Y_l \qquad (6.6)$$
$$s.t.\ Y_h \geq (1 + r_{NR})$$

银行做其努力决策时，会把存款利率 r_{NR} 当成给定，即银行最大化如下目标函数：

$$\max_e [A Y_h - A(1 + r_{NR})] - m e^2 \qquad (6.7)$$

如果银行通过最大化自身的期望利润做出的努力决策 e^* 恰好等于存款者对银行努力程度的预期 e_E，即 $e^* = e_E$，则称这种均衡为理性预期均衡（Rational Expectation Equilibrium）。

命题6.2：在不存在银行间市场时，如果银行风险管理的努力成本较低，即 $m \leq \dfrac{A(Y_h - Y_l + \alpha Y_l)^2}{8[1 - (1 - \alpha) Y_l]}$ 时，经济中存在双重均衡。双重均衡中银行的努力程度分别为 e_1^{NR} 和 e_2^{NR} 且 $e_1^{NR} < e_2^{NR}$。[①] 当银行风险管理的努力成本过高，即 $m > \dfrac{A(Y_h - Y_l + \alpha Y_l)^2}{8[1 - (1 - \alpha)Y_l]}$ 时，经济中不存在理性预期均衡。

从命题6.2中可以看出，在银行努力程度不可观测的情形下，经济在一定条件下存在多重均衡。当存款者对银行努力程度的预期不同时，银行选择的努力程度也存在差异。如果存款者预期银行努力的激励较小，存款风险较高，便会索要较高利率，较高的存款利率降低了银行的努力程度，均衡中银行的努力程度较低，银行风险较高（即 $e = e_1^{NR}$ 的情形）；反之，如果存款者预期银行的努力程度较高，存款风险较小，则相应存款利率较低，在较低的存款利率下银行确实有激励付出较高努力，均衡中银行努力程度较高，银行风险较低（即 $e = e_2^{NR}$ 的情形）。

命题6.2同时说明，若经济中存在双重均衡，银行努力成本的系数不能太大。如果银行努力的成本过大，当银行的努力程度不可观测时，存款者预期到银行的努力程度很低，银行存款的风险很高，此时存款者将索要非常高的利率，而在这样的存款利率下，银行努力的收益低于银行努力的成本，银行没有激励付出努力。换言之，此时银行无法从存款者处得到融资，即经济中不存在理性预期均衡。为了使本章的分析更有意义，在下文的讨论中，本章假设 $m \leqslant \dfrac{A(Y_h - Y_l + \alpha Y_l)^2}{8[1 - (1 - \alpha)Y_l]}$ 始终成立，即讨论经济中存在双重均衡的情形。

将 e_1^{NR} 和 e_2^{NR} 分别代入式（6.7），可以求出不同均衡下银行的期望利润 π_1^{NR} 和 π_2^{NR}。

$$\pi_1^{NR} = e_1^{NR} A Y_h + (1 - e_1^{NR})A(1 - \alpha)Y_l - A - m e_1^{NR2} \qquad (6.8)$$

$$\pi_2^{NR} = e_2^{NR} A Y_h + (1 - e_2^{NR})A(1 - \alpha)Y_l - A - m e_2^{NR2} \qquad (6.9)$$

（二）存在银行间市场时的均衡

当存在银行间市场时，由于银行的努力程度不可观测，银行在逆

---

① e_1^{NR} 和 e_2^{NR} 的具体表达形式详见附录。

回购市场上只能根据对对方银行努力程度的预期来决定回购金额、抵押品数量和回购利率。给定其他参与者对银行努力程度的预期为 e_E，均衡时存款利率 r、回购量 L、抵押品数量 A^C 以及回购利率 R 均可以表示为银行预期努力程度 e_E 的函数。当银行做其努力决策时，它把另一家银行的预期努力程度、存款利率、回购量、抵押品数量以及回购利率均当成既定，即银行最大化以下函数：

$$\max_e e_E [A Y_h - A(1 + r)] + e(1 - e_E) [A Y_h + A^C Y_l$$
$$- L(1 + R) - A(1 + r)] + (1 - e) e_E [(A - A^C) Y_l + L(1 + R)$$
$$- A(1 + r)] - m e^2$$

如果银行通过最大化自身的期望利润做出的努力决策恰好等于其他参与者对于银行努力程度的预期，即 $e^* = e_E$，则经济中存在理性预期均衡。

命题 6.3：当银行努力成本的系数 $m \leqslant \dfrac{A[(Y_h - Y_l)^2 + 4\alpha Y_l Y_h - 4\alpha Y_l]}{8[1 - (1 - \alpha) Y_l]}$ 时，经济中存在双重均衡。两种均衡中银行的努力程度分别为 e_1^R 和 e_2^R，且 $e_1^R < e_2^R$。当银行努力成本的系数 $m > \dfrac{A[(Y_h - Y_l)^2 + 4\alpha Y_l Y_h - 4\alpha Y_l]}{8[1 - (1 - \alpha) Y_l]}$ 时，经济中不存在银行相互关联的理性预期均衡。

从命题 6.3 可以看出，若经济中存在双重均衡，银行努力成本的系数不能太大。为了使本章的分析更有意义，在下文的讨论中，本章假设 $m \leqslant \dfrac{A[(Y_h - Y_l)^2 + 4\alpha Y_l Y_h - 4\alpha Y_l]}{8[1 - (1 - \alpha) Y_l]}$ 始终成立[①]，即讨论经济体中存在双重均衡的情形。

---

① 综合命题 6.2 与命题 6.3 中对 m 的假设，$m \leqslant \min \left(\dfrac{A(Y_h - Y_l + \alpha Y_l)^2}{8[1 - (1 - \alpha) Y_l]}, \right.$ $\left. \dfrac{A[(Y_h - Y_l)^2 + 4\alpha Y_l Y_h - 4\alpha Y_l]}{8[1 - (1 - \alpha) Y_l]} \right)$。容易证明，在一个较广阔的参数区间内，这一不等式与假设 6.1 可以同时成立。

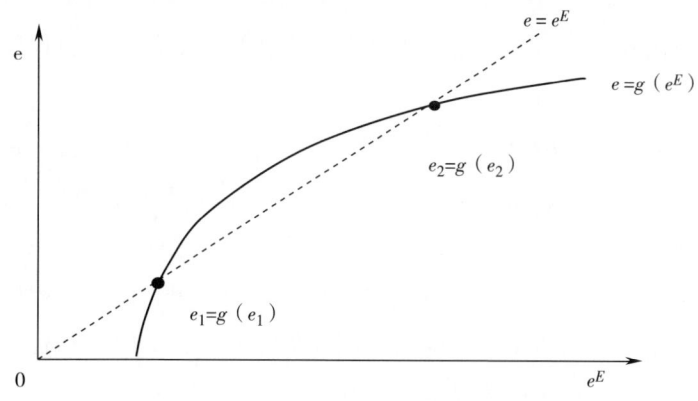

图 6.2　银行努力程度不可观测时的双重均衡

图 6.2 画出了银行努力程度不可观测时经济中可能存在的双重均衡。图中的横轴代表存款者和另一家银行对银行努力程度的预期，粗曲线代表银行根据预期做出的最适反应，这条曲线与 45 度线的交点表示经济中可能存在的均衡。可以看出，当其他参与者对银行努力程度的预期较高时，银行努力的动机变强，均衡情况下银行的努力程度较高。当其他参与者对银行努力程度的预期较低时，银行努力的动机变弱，均衡情况下银行的努力程度较低。

（三）与社会最优情形的比较

由于本章重点分析银行之间相互关联对银行行为和金融稳定性的影响，该部分将重点比较当银行间回购市场存在时，信息不对称下银行自发形成的均衡与社会最优情形中银行努力程度及银行关联度的差异。命题 6.4 比较了银行自发形成的均衡与社会最优情况中银行努力程度的差异。

命题 6.4：当银行努力程度不可观测时，双重均衡下的银行努力程度均低于社会最优水平，即 $e_1^R < e_2^R < e_R^*$。相较于社会最优情形，银行的破产概率升高，金融体系的系统性风险增加。

命题 6.4 说明，当银行的努力程度不可观测时，由于银行做决策时没有考虑其行为对其他银行和整个金融体系的影响，而是只考虑最大化自身的收益，均衡时银行的努力程度和社会最优的努力程度之间存在差异。

具体而言，当银行通过回购市场相互借贷时，一家银行项目成功会降低另一家银行的破产概率，对整个金融体系有积极影响。但是，当银行努力程度不可观测时，银行在做其努力决策时并未考虑其决策对其他银行和金融体系的积极影响，从而均衡时银行的努力程度低于社会最优水平。当两家银行的项目同时失败时，每家银行均资不抵债进入破产程序，金融体系发生系统性危机。由于不对称信息下银行努力程度过低，金融体系发生整体危机的概率提高，金融体系的系统性风险增加。换言之，虽然完全信息下银行之间相互关联有助于分散个体风险，但在信息不对称下，由于每家银行的努力程度均降低，金融体系的系统性风险增加，这与 Wagner（2010）强调的银行分散化持有资产在降低个体风险的同时增加了金融体系的系统性风险的主要思想是一致的。

从命题 6.4 可以看出，当经济中存在双重均衡时，在两种均衡下银行的努力程度均低于社会最优情形，即 $e_1^R < e_2^R < e_R^*$。由于 $e = e_1^R$ 的均衡离社会最优水平更远，本章在下文的讨论中，将 $e = e_1^R$ 的均衡称为较差均衡，将 $e = e_2^R$ 的均衡称为较好均衡。可以看出，在较差均衡下，银行的努力程度较低，两家银行同时破产的概率更大，金融体系积累的系统性风险更高，金融稳定性更弱。

当不同均衡中银行的努力程度不同时，均衡情况下银行之间的关联程度也存在差异。用 L_1 代表银行努力程度为 e_1^R 时的银行关联度，L_2 代表银行努力程度为 e_2^R 时的银行关联度，引理 6.3 比较了银行自发形成的均衡与社会最优情形中银行关联程度的差异。

引理 6.3：在一定条件下，在银行努力程度位于 $(0, e_R^*)$ 的区间上，银行关联度是银行努力程度的减函数。换言之，$L_1 > L_2 > L_R^*$，银行体系自发形成的均衡中银行关联度过高，存在"过度借贷"的现象。

引理6.3说明，当银行努力水平不可观测时，在一定条件下，银行关联度过高，金融体系存在"过度借贷"的现象。引理6.3的逻辑如下，银行间相互借贷的原因是为了分散个体风险，确保当经济体中至少有一家银行项目成功时，两家银行均具有偿付能力。由于均衡中银行的努力程度低于社会最优水平，存款者预期到这一点，将向银行要求更高的存款利率，为了保证银行在自有项目失败但对方银行项目成功时仍有偿付能力，银行需要更多地在银行间市场进行借贷。而这种过度借贷的行为又反过来负向作用于银行的努力程度。由于银行努力程度和银行关联度负相关，过高的银行关联度会减弱银行努力的激励。两者相互作用，使得均衡时银行的努力程度低于社会最优水平，银行关联度高于社会最优水平。

四、资本充足率监管的影响分析

为简化模型，上小节讨论了不存在资本充足率监管的情形。下文将研究引入资本充足率监管对银行行为的影响。

（一）不存在银行间市场的情形

假设监管者对银行施加 $\frac{k}{A} = n$ 的资本充足率监管[①]。换言之，监管者规定银行的资本占其总资产的比例不得少于 n。由于资本相对于存款是一种更昂贵的融资方式，均衡时资本充足率约束为紧，即银行没有激励留存超额资本。

当银行的努力程度不可观测时，存款者根据其对于银行努力程度的预期来做决策。在存在资本充足率监管时，存款市场的均衡条件

---

① 在本章中，由于银行的努力程度不可观测，此处假设监管者对于银行施加的资本充足率监管不依赖于银行的努力程度，为非风险加权的资本充足率监管。

变为：

$$A - An = e_E(A - An)(1 + r_{NR}) + (1 - e_E)(1 - \alpha)A Y_l \quad (6.10)$$
$$\text{s. t. } Y_h \geq (1 + r_{NR})$$

银行做其努力决策时，把存款利率 r_{NR} 当成既定，最大化如下目标函数：

$$\max_e e[A Y_h - (A - An)(1 + r_{NR})] - m e^2 \quad (6.11)$$

如果银行为最大化自身期望利润做出的努力决策 e^* 恰好等于存款者对银行努力程度的预期 e_E，则经济中存在理性预期均衡。

引理 6.4：在不存在银行间市场时，当监管者规定银行的资本充足率不少于 n 时，如果银行努力成本的系数 $m \leq \dfrac{A(Y_h - Y_l + \alpha Y_l)^2}{8[1 - n - (1 - \alpha)Y_l]}$，经济中存在双重均衡。两种均衡中银行的努力程度分别为 $\tilde{e}_1^{NR}$ 和 $\tilde{e}_2^{NR}$，且 $\tilde{e}_1^{NR} < \tilde{e}_2^{NR}$。[①] 如果银行的努力成本系数 $m > \dfrac{A(Y_h - Y_l + \alpha Y_l)^2}{8[1 - n - (1 - \alpha)Y_l]}$，经济中不存在理性预期均衡。

将 $\tilde{e}_1^{NR}$ 和 $\tilde{e}_2^{NR}$ 分别代入式（6.11），可以求出不同均衡下银行的期望利润 $\tilde{\pi}_1^{NR}$ 和 $\tilde{\pi}_2^{NR}$

$$\tilde{\pi}_1^{NR} = \tilde{e}_1^{NR} A Y_h + (1 - \tilde{e}_1^{NR})A(1 - \alpha)Y_l - A - \delta An - m \tilde{e}_1^{NR2}$$
$$(6.12)$$

$$\tilde{\pi}_2^{NR} = \tilde{e}_2^{NR} A Y_h + (1 - \tilde{e}_2^{NR})A(1 - \alpha)Y_l - A - \delta An - m \tilde{e}_2^{NR2}$$
$$(6.13)$$

对比引理6.4和命题6.2可以看出，当监管者对银行施以资本监管时，经济中存在双重均衡对银行努力成本系数 m 的要求更为宽松。同

---

① $\tilde{e}_1^{NR}$ 和 $\tilde{e}_2^{NR}$ 具体形式详见附录。

时，资本充足率监管对银行努力程度的影响在不同的均衡状态下有所差异，这一结论可以总结为命题6.5。

命题6.5：在较好均衡下，银行努力程度随着资本充足率要求 n 的上升而上升，即 $\frac{\partial e}{\partial n} > 0$，在较差均衡下，银行努力程度随着资本充足率要求 n 的上升而下降，即 $\frac{\partial e}{\partial n} < 0$。

从命题6.5可以看出，在较好均衡下，银行的努力程度随着资本充足率要求的提升而增加。监管者可以通过对银行施加资本充足率监管，提升较好均衡中银行的努力程度，使银行的努力程度向社会最优水平靠近，从而降低银行体系的风险，提升金融系统稳定性。但是，由于较差均衡下银行的努力程度随着资本充足率要求的增加而降低，如果经济中实现的均衡是较差均衡，对银行施加资本充足率监管反而会使银行的努力程度更加偏离社会最优水平，这表明较差均衡下资本充足率监管具有"无效性"。

（二）存在银行间市场的情形

当存在银行间市场时，银行从存款者处吸收存款 A，在回购市场上吸收融资 L，同时在逆回购市场上借给另一家银行 L，投资自有项目 A，银行资产的总规模为 $A + L$。此时，监管者的资本充足率监管要求变为 $\frac{k}{A + L} = n$。不难得到，在资本充足率监管存在的条件下，均衡时银行关联度

$$L = \frac{[A - n(A + L) - A Y_l + \alpha (1 - e)^2 A Y_l][Y_l + e(Y_h - Y_l)]}{(2e - e^2)(Y_h - Y_l)}$$

$$(6.14)$$

不难发现，此时 L 的分子上出现了一项 $-n(A + L)$，表明资本充足率对银行扩张资产负债表具有约束作用。将式（6.14）进行化简，可得

$$L = \frac{[A - nA - A Y_l + \alpha (1 - e)^2 A Y_l][Y_l + e(Y_h - Y_l)]}{(2e - e^2)(Y_h - Y_l) + n[Y_l + e(Y_h - Y_l)]} \quad (6.15)$$

当银行努力程度不可观测时，在较好均衡下，银行的努力程度变为

$$
e = \frac{\begin{aligned}&A\,Y_h + A\,Y_l - 2(1-\alpha)A\,Y_l + (\,[\,A\,Y_h + A\,Y_l - 2(1-\alpha)A\,Y_l\,]^2 \\ &\quad - 4(2m + \alpha A\,Y_l)(A - n(A+L)(1-\alpha)A\,Y_l))^{\frac{1}{2}}\end{aligned}}{2(2m + \alpha A\,Y_l)}
$$

(6.16)

在较差均衡下，银行的努力程度变为

$$
e = \frac{\begin{aligned}&A\,Y_h + A\,Y_l - 2(1-\alpha)A\,Y_l - (\,[\,A\,Y_h + A\,Y_l - 2(1-\alpha)A\,Y_l\,]^2 \\ &\quad - 4(2m + \alpha A\,Y_l)(A - n(A+L)(1-\alpha)A\,Y_l))^{\frac{1}{2}}\end{aligned}}{2(2m + \alpha A\,Y_l)}
$$

(6.17)

分别联立（6.15）、（6.16）以及（6.17），求解关于 e 和 L 的二元高次方程，即可得到银行自发形成均衡时银行的努力程度和关联度。

由于此时模型的显示解非常复杂，以下通过数值模拟的方式对本小节主要结论做一具体说明。在数值例子中，$Y_h = 3.2, Y_l = 0.8, m = 1.6, A = 1, \alpha = 0.9$。

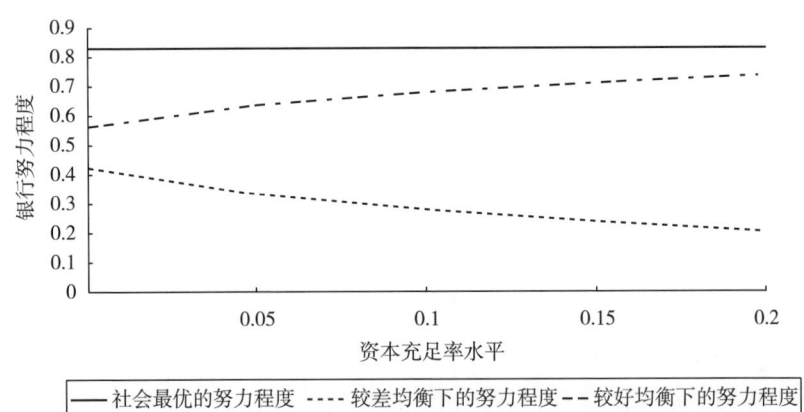

图6.3　资本充足率监管对不同均衡下银行努力程度的影响

图6.3画出了资本充足率监管对不同均衡下银行努力程度的影响。

在完全信息下，监管者可以直接对银行风险管理的努力程度提出要求，银行的资本充足率监管不会影响社会最优情形下银行的努力程度。在不对称信息下，资本充足率监管对银行努力程度的影响取决于均衡的类型。资本充足率监管可以提高较好均衡下银行的努力程度，使其向社会最优水平趋近，同时降低银行体系的风险，提升金融体系的稳定性。但是，在较差均衡存在时，资本充足率监管则会降低银行的努力程度，使其更加偏离社会最优水平，同时增加了银行体系的风险，降低了金融体系的稳定性。因此，存在银行间市场时命题6.5依然成立。

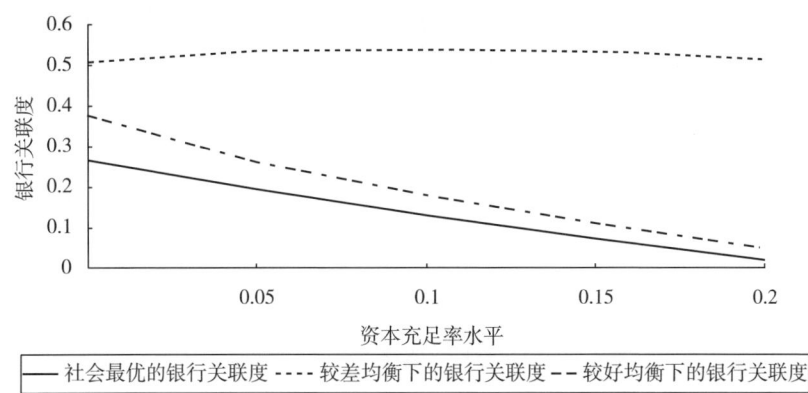

图6.4　资本充足率监管对不同均衡下银行关联度的影响

图6.4画出了资本充足率监管对不同均衡下银行关联度的影响。通过比较图6.3与图6.4可以看出，在任意给定的资本充足率水平下，较差均衡下的银行关联度高于较好均衡下的银行关联度，同时两者都高于社会最优水平。图6.4同时说明，在社会最优的情形下，由于资本充足率监管对银行规模的扩张有抑制作用，社会最优的银行关联度随资本充足率监管的升高而下降。在较好均衡下，这一关系仍然成立，因为资本充足率监管提高了银行的努力程度，而银行关联度和银行的努力程度呈负相关。但是，在较差均衡下，资本充足率监管对银行关联度的影响无法确定。一方面，资本充足率监管对银行规模的扩张有

约束作用，从而降低了银行相互关联的激励；另一方面，资本充足率监管降低了银行的努力程度，银行需要更多地通过银行间市场借贷才能保持偿付能力。不过，不论资本充足率水平如何影响较差均衡下的银行关联度，较差均衡下的银行关联度始终高于较好均衡下的银行关联度，这为后文即将讨论的系统重要性银行的附加资本监管奠定了基础。

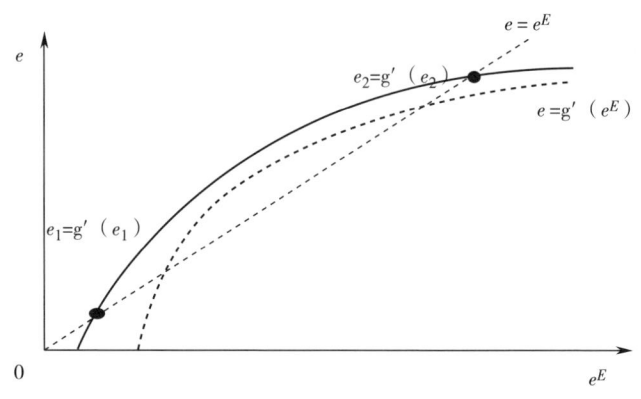

图 6.5　资本充足率监管对双重均衡的影响

图 6.5 更清晰地示意了资本充足率监管对双重均衡的影响。其中虚曲线代表图 6.2 中不存在资本充足率监管时银行的努力程度，粗曲线代表存在资本充足率监管时不同均衡下的银行努力程度。从图中可以看出，资本充足率监管提高了较好均衡下的银行努力程度，却降低了较差均衡下的银行努力程度。

当双重均衡存在时，监管者无法判断经济中真实存在的是何种均衡，因此，若较差均衡发生，资本充足率监管的影响可能适得其反。如果监管者可以通过某种监管政策排除较差均衡，只保留较好均衡，则会保障资本监管的有效性和整个金融体系的稳健性。这也是下一小节重点讨论的问题。

五、系统重要性金融机构附加资本监管的影响评估

从引理 6.3 可以看出，在较好均衡下，银行努力程度较高，银行关联度较低；在较差均衡下，银行努力程度较低，银行关联度较高。此时，如果监管者对关联度超过一定阀值的系统重要性银行实施附加资本监管，将会降低银行在关联度过高时的期望利润，从而降低银行相互关联的激励。在合适的附加资本监管下，经济中的较差均衡将不复存在，经济中只存在较好均衡，这一举措将提升资本充足率监管的有效性和金融体系的稳定性，降低金融体系的系统性风险。这一分析可以总结为命题 6.5 和命题 6.6。

命题 6.5：如果监管者通过对银行关联度较高的系统重要性银行（$L > L_2$）实施附加资本监管 n'，银行在较差均衡下的期望利润下降。

命题 6.5 的逻辑非常明显，如果监管者对关联度较高的银行实施附加资本监管，由于银行资本金融资的成本较高，银行的期望利润将下降。因此，对系统重要性银行实施附加资本监管类似于对系统重要性银行征税，降低银行成为系统重要性银行的动机，从而降低"大而不能倒"导致的道德风险问题，降低金融体系的系统性风险。

命题 6.6：当监管者为关联度较高的银行（$L > L_2$）实施的附加资本监管比较严格，即

$$n' \geq \bar{n} = \frac{\tilde{e}_1 A Y_h + (1 - \tilde{e}_1) A Y_l - \alpha A (1 - \tilde{e}_1)^2 Y_l - A - m \tilde{e}_1^2 - \tilde{\pi}_1^{NR}}{\delta(A + \tilde{L}_1)} - n$$

时，在新的监管要求下，较差均衡中银行的期望利润低于无银行间借贷市场时的银行利润，经济中较差均衡不复存在。

命题 6.6 说明，如果监管者对银行关联度超过 $L > L_2$ 的银行实施

较严格的附加资本充足率监管 n'，将降低银行通过银行间市场相互借贷成为系统重要性银行的激励，从而降低系统重要性过高带来的道德风险问题①。从逻辑上来讲，对关联度较高的银行实施附加资本监管提高了系统重要性银行的融资成本，降低了银行努力成为系统重要性银行的激励。由于在较差均衡下银行的系统重要性更加突出，附加资本监管的实施将降低银行在较差均衡下的利润。如果此时的银行利润低

于银行间市场不存在时的银行利润 $\tilde{\pi}_1^{NR}$，银行将没有任何激励通过相互关联成为系统重要性银行。换言之，此时回购市场带给银行的好处被附加资本监管的成本完全抵销，经济中的较差均衡不复存在。由于较好均衡中银行关联度低于较差均衡下的水平，可以不受附加资本监管的影响。因此，对关联度过高的银行实施的附加资本监管将通过排除较差均衡，增强资本充足率监管的有效性，降低金融体系的系统性风险，提高金融稳定性。

在本章中，为关联度过高的银行加入附加资本监管的主要目的在于排除经济体中的较差均衡。从这个意义上讲，本章与 Diamond 和 Dybvig（1983）的文献有共通之处。在 Diamond 和 Dybvig（1983）的文献中，经济中可能存在银行挤兑（较差均衡）和不挤兑（较好均衡）两种均衡，加入存款保险制度可以排除银行挤兑的较差均衡，从而提升银行体系的稳定性。而本章则指出，监管者为系统重要性银行加入附加资本监管，也可以在一定条件下排除经济中银行系统重要性过高、系统风险过大的较差均衡，从而提升银行体系的稳定性。因此，本章从一个新维度分析了系统重要性银行附加资本监管对金融体系的影响，并为其提供了理论支持。

---

① 这里，命题6.6并没有对附加资本监管的具体形式加以限制，事实上，由于本章中对关联度较高银行实施的附加资本监管主要是为了排除较差均衡，附加资本监管可以采取多种形式，比如当银行关联度到达一定程度时，附加资本监管随银行关联度的增加而上升，等等。

六、政策建议

（一）适度控制银行之间的关联程度和同业业务规模

本章的研究表明，在一定范围下，银行通过回购等同业业务提高自身与其他机构的关联程度有助于分散个体风险。但是，当金融体系中的信息不对称较为严重时，银行有动机自发追求过高的相互关联程度，银行之间的同业往来过高，从而出现"过度关联"的现象，增加了金融市场的传染性。由于道德风险的存在，此时银行进行风险管理的激励较弱，金融体系的内在风险高于社会最优水平，形成较大的系统性风险隐患。因此，适当控制银行之间的关联程度和同业业务规模，有助于降低银行的道德风险行为，避免系统性风险的积累和跨机构传播，提升金融体系的稳健性。

（二）加强对市场参与者的预期引导

本章的研究表明，在不对称信息下，银行间市场可能存在多重均衡。如果市场参与者预期银行资产的风险较高，银行进行风险管理的努力程度相应降低，均衡时银行相互关联度较高，银行体系积累起过高的系统性风险，形成"较差均衡"。如果市场参与者预期银行资产风险较低，银行进行风险管理的激励相应提高，银行关联度较低，金融体系的系统性风险较低，形成"较好均衡"。因此，银行间市场的交易行为一定程度上具有预期的自我实现机制，不同的预期可能形成不同的均衡点。加强和规范银行风险管理，有效引导金融行为和社会心理预期，对于降低系统性风险，提升金融体系的稳健性具有重要意义。

（三）对系统重要性金融机构实施适宜的附加资本监管

本章的研究表明，通过对系统重要性金融机构实施附加资本监管等方式适度增加系统重要性金融机构的"关联"成本，有助于降低其"过度关联"的激励，缓解信息不对称下的道德风险问题，降低金融机构过度承担风险的动机。在适宜的附加资本监管下，经济中"过度关联"的较差均衡不复存在，经济中仅存在银行资产风险较小的较好均衡，从而降低金融体系的系统性风险，提升金融体系的稳定性和金融监管的有效性。

第三节　小　　结

本章的研究表明，银行在一定范围内提高自身与其他机构的关联程度有助于分散个体风险，银行具备一定的"系统重要性"有其内在合理性。但是，当金融体系中的信息不对称较为严重时，由于银行做决策不会考虑自身行为对其他银行和金融体系的影响，银行有动机追求过高的系统重要性，导致银行之间同业业务规模过大，出现"过度关联"的现象。在道德风险的作用下，银行没有足够激励进行风险管理，金融体系的内在风险高于社会最优水平，形成较大的系统性风险隐患。

信息不对称下，银行间市场的交易可能同时存在多重均衡，如果市场参与者预期银行资产的风险较高，则银行根据市场参与者预期做决策时，其进行风险管理的努力程度就会相应降低。这使得均衡时银行相互关联度较高，银行体系积累起过高的系统性风险，形成"较差均衡"。如果市场参与者预期银行资产风险较低，银行进行风险管理的激励也会相应提高，使得均衡时银行关联度较低，金融体系的系统性风险较低，形成"较好均衡"。在较好均衡下，有效的资本监管工具可以降低系统性风险，提升金融体系的稳健性，但较差均衡存在时，资本监管工具将会"失效"，甚至起到相反的效果。此时，监管者可以通过对系统重要性银行实施附加资本监管，排除经济中的较差均衡，保留银行资产风险较小的较好均衡，从而增加资本充足率监管的有效性，降低金融体系的系统性风险，保障金融体系健康平稳的运行。

第七章　新金融监管政策设计

第一节　新金融监管政策设计思路

金融监管存在的重要原因之一是缓解金融体系中信息不对称问题造成的市场失灵。但是，金融危机的爆发使监管者充分认识到，危机前的金融监管政策在降低信息不对称程度、防范金融风险方面做得还远远不够。危机之后，监管者开始更多关注信息不对称对金融监管的影响。正如本书前文所述，《巴塞尔协议Ⅲ》新提出的杠杆率监管、流动性风险监管、逆周期资本缓冲、系统重要性银行的附加资本监管等新型监管政策都在一定程度上缓解了金融体系中的信息不对称问题，对更好地规范银行行为、进一步降低金融体系风险和提升金融体系的稳健性具有积极意义。

事实上，危机后的新监管政策所体现出来的监管哲学正在发生微妙的变化。金融监管机构更倾向于客观和现实地承认监管者与被监管者之间存在着信息不对称。监管者不可能洞察一切，更不可能包揽一切。在信息不对称的现实世界中，即便是监管政策本身的设计"完美无瑕"，监管者对银行行为进行充分监督的难度仍然较大，而另一方面，如果单纯通过设计激励相容的监管工具来实现完全激励，有时又难以与监管目标完全一致，造成较高的监管成本。因此，现实的金融监管工具设计应采取有限的激励和有限的监督相结合，在"激励"和"监督"之间寻求平衡。合适的金融监管政策既要考虑"金融机构最优的行为规范"，又要考虑"如何激励金融机构真正实现这一行为规范"，应通过设计和实施更具激励相容的制度安排和更加有效的事后监督共同实现监管目标。在此背景下，本章尝试创新性地提出一种新型资本监管工具。为了与现有的风险加权资本充足率监管相区分，本章将这一新型资本监管工具称为"激励相容的资本监管工具"。

无论是杠杆率监管、流动性风险监管、逆周期资本缓冲还是系统重要性银行的附加资本监管，都是监管者在原先的风险加权资本充足率监管的基础上通过增加新的监管工具来规范银行的行为。而本章提出的激励相容的资本监管工具则侧重对原先的风险加权资本充足率进行修正。换言之，如果说危机后新金融监管政策的思路主要是在原先"不完美"的监管工具上增添新的工具，本章提出的新型监管工具则主要在于改变"不完美"的监管工具本身。

《巴塞尔协议Ⅱ》下的风险加权资本充足率监管之所以"不完美"，其重要原因之一是这一工具给予银行评估其资产风险过大的自主权。正如本书第三章所指出的，在信息不对称的现实世界中，银行有动机通过操纵内部评级模型来谎报资产。从这一意义上讲，原本旨在使银行资本充分反映其资产风险的风险加权资本充足率监管在现实中却与银行行为出现了一定的"激励不相容"。那么，能否通过对风险加权的资本充足率本身进行修订，降低其"激励不相容"的程度，进而配合事后监督共同实现对银行行为的有效约束？这是本章主要关注的问题。

第二节 新监管工具的经济学分析[①]

一、模型设定

为提升与本书之前章节的可比性，更好地对比新监管工具和现有

---

① 关于本节的更多讨论，详见 Wu 和 Zhao（2014）。

监管工具的成本和收益，本章沿用第三章的模型设定框架①。不同之处在于，第三章中的风险加权资本充足率监管着重分析监管者为各类资产赋予"正确"风险权重的情形，即风险权重可以准确反映资产内在风险的情形。这一情形与危机前《巴塞尔协议Ⅱ》中的规则相一致。监管者试图用复杂的计量模型为各类资产找出最精确的风险权重，但忽略了银行与监管者进行博弈进而谎报资产风险的内在动机。本章则通过机制设计的方式，通过允许监管者"策略性地"调整不同风险资产的风险权重之差，设计出激励相容的风险加权资本充足率监管工具。

二、新监管工具的最优政策设计

本节考虑监管者通过机制设计的方式调整不同资产对应的风险权重。下文即将说明，监管者可以通过调整低风险资产和高风险资产的风险权重差额，设计激励相容的风险加权资本充足率监管工具。银行在新型监管工具和事后监督的双重作用下，将有激励真实汇报其资产的风险。

（一）银行资产外生给定的情形

在第三章的模型设定中，银行可以选择投资两类资产，一类是安全资产（无风险资产），另一类是风险资产。安全资产在价值实现时，可以获得一个确定的收益 y，其中 $y > 1$；风险资产的收益依赖于其所投资项目的成败。项目成功时的收益是 Y，项目失败时的收益为 0。假设项目成功的概率为 θ，失败的概率为 $1 - \theta$。当银行安全资产的比例为 β 时，其可能面临的最大损失为 $1 - \beta y$。考虑到银行破产将产生巨大的社会成本，监管者要求银行留存足够资本以应对潜在损失，即最优的资本充足率监管是 $k^s(\beta) = 1 - \beta y$。此时，β 前系数的绝对值为 y，换言之，银行每谎报一单位风险资产为安全资产时，可以节约 y 数量的资本金。

---

① 详见第三章第二节的"模型设定"部分。为避免重复，此处不再赘述。

在激励相容的风险加权资本充足率下，假设监管者为安全资产和风险资产分配的风险权重分别是 k_1 和 k_2，风险加权的资本充足率设计可以表示为 $k \geqslant k_1\beta + k_2(1-\beta) = k_2 - (k_2 - k_1)\beta$。当银行谎报一单位的风险资产为安全资产时，银行的边际收益为未被监管者发现时节约的资本，即 $(1-p)(1+\delta-\theta)(k_2-k_1)$。银行的边际成本为监管者发现时的声誉成本损失，即 pf，f 在不同的经济环境下有两种可能的取值 $f \in \{b, B\}$。在较差经济状态发生时，为了激励银行说真话，银行撒谎的边际成本必须不小于其边际收益，即

$$(1-p)(1+\delta-\theta)(k_2-k_1) \leqslant pb$$

即
$$k_2 - k_1 \leqslant \frac{pb}{(1-p)(1+\delta-\theta)} \tag{7.1}$$

对比第三章中风险加权的资本充足率要求 $k \geqslant 1 - \beta y$ 可以看出，第三章 β 前面的系数为 y，而激励相容的风险加权资本充足率监管下，β 前的系数不超过 $\frac{pb}{(1-p)(1+\delta-\theta)}$。根据假设 3.2，$\frac{pb}{(1-p)(1+\delta-\theta)} < y$。这表明监管者为了鼓励银行真实汇报其风险，需要缩小不同资产的风险权重之差，即 $k_2 - k_1$。由于银行谎报一单位风险资产为安全资产时的边际收益取决于监管者为不同资产赋予的风险权重之差，缩小不同风险资产的风险权重之差会降低银行谎报风险的边际收益。换言之，激励相容的风险加权资本充足率监管降低了银行谎报风险的边际收益，却没有改变银行谎报风险的边际成本，因而降低了银行谎报风险的激励。

不难证明，在最优的激励相容风险加权资本充足率下，不同风险权重之差应该恰好等于银行谎报风险的边际成本与边际收益相等时的阈值。为了求解最优的风险权重，监管者需要权衡过高资本监管造成的效率损失和资本留存不足带来的社会成本。求解监管者的目标最大化问题，可以得到如下命题。

命题 7.1：监管者可以通过设计激励相容的风险加权资本充足率激

励银行真实汇报资产的风险，最优资本充足率监管的形式如下：

$$k \geqslant k_2 - (k_2 - k_1)\beta, k_1 = 1 - \frac{\delta(y - \Delta)/y}{c(1 - \theta)} - \Delta, k_2 = 1 - \frac{\delta(y - \Delta)/y}{c(1 - \theta)}, 其$$

中 $\Delta = \dfrac{pb}{(1 - p)(1 + \delta - \theta)}$。

在这一激励相容的风险加权资本充足率下，银行在所有经济状态下都会真实汇报其风险并留存相应资本，此时的期望社会福利为

$$\pi_S^{R'} = y - 1 + \frac{[c(1 - \theta) - \delta]^2}{2c(1 - \theta)} - \frac{1}{2}c(1 - \theta) + \frac{\Delta\delta}{2y}\Big[1 - \frac{\delta}{c(1 - \theta)}\Big]$$

$$(7.2)$$

命题 7.1 表明，为了激励银行说真话，不同资产风险权重之差需要缩小。对比第三章中正确反映资产风险的风险权重可以发现，在激励相容的资本充足率监管中，风险资产的风险权重变得更小，而安全资产的风险权重变得更大。换言之，尽管激励相容的风险加权资本充足率有助于激励银行真实汇报其风险类型，但这一新型监管工具同时带来了新的扭曲，即银行资本无法精确地反映银行资产的风险。这种扭曲使得银行在任意经济状态下留存的资本都偏离了社会最优的情形，存在一定的效率损失。

（二）银行资产内生选择的情形

在银行可以内生选择其资产的风险时，银行可以通过付出甄别努力 e，使其安全资产所占比例为 e，风险资产所占比例为 $1 - e$。银行的甄别努力产生的成本为 $m\,e^2$。与上小节的分析类似，如果监管者试图通过设计激励相容的风险加权资本充足率监管给予银行真实汇报风险的激励，必须缩小不同资产的风险权重之差。式（7.1）的条件仍需满足。此时，银行在任何经济状态下均有激励真实汇报其资产的风险，监管者应该要求银行恰好持有足够的资本以应对可能出现的损失。监管者求解如下最大化问题：

$$\max_{e, k_1, k_2} y - 1 - \delta[k_2 - (k_2 - k_1)e] - m\,e^2 \qquad (7.3)$$

$$\text{s. t. } k_2 - k_1 \leqslant \frac{pb}{(1-p)(1+\delta-\theta)}$$

$$k_2 - (k_2 - k_1)e \geqslant 1 - ey$$

求解式（7.3）的最大化问题容易得到以下命题。

命题7.2：当银行可以内生选择其资产风险时，监管者可以通过设计激励相容的风险加权资本充足率激励银行真实汇报资产的风险，最优资本充足率监管的形式如下：

$$k \geqslant k_2^* - (k_2^* - k_1^*)\beta, \ k_1^* = 1 - \frac{\delta\Delta}{2m}(y - \Delta) - \Delta, \ k_2^* = 1 - \frac{\delta\Delta}{2m}$$

$(y - \Delta)$，其中 $\Delta = \dfrac{pb}{(1-p)(1+\delta-\theta)}$。

此时，银行甄别的努力程度为 $e_{IC}^* = \dfrac{\delta\Delta}{2m}$，低于社会最优的银行努力程度 $e^* = \dfrac{\delta y}{2m}$。期望的社会福利为

$$\widetilde{\pi}_S^{R'} = y - 1 - \delta\left(1 - \frac{\delta\Delta}{2m}y\right) - m\left(\frac{\delta\Delta}{2m}\right)^2 \tag{7.4}$$

命题7.2表明，在激励相容的风险加权资本充足率监管下，银行甄别的努力程度低于社会最优水平。换言之，尽管激励相容的资本充足率给予银行真实汇报其风险的动机，却无法将金融体系的风险和社会福利恢复至社会最优水平，在任何经济状态下都存在一定的效率损失。

由此可见，监管者设计的"激励相容"监管工具也在一定程度上以降低金融体系的监管效率为代价。激励相容的资本监管工具在纠正金融扭曲的同时，也带来了一种新的扭曲。因此，任何监管工具的使用都需考虑其收益和成本。正如第三章所指出的，监管工具的优化设计不能替代监管者事后监管能力的提升建设。从这个意义上讲，提升事后监管能力、增加违规的事后惩罚力度、营造诚实守信的金融环境，是有效提高金融监管效率、提升金融系统稳健性的重要保障。

三、新监管工具与现有监管工具的比较分析

本书第三章讨论了监管者为各类资产赋予"正确"风险权重时的最优资本监管模式，本章研究了允许监管者"策略性地"调整不同风险资产风险权重时的最优资本监管模式。那么，如何比较本章新提出的激励相容风险加权资本充足率监管工具和现有监管工具的相对优劣？这些监管工具的适用环境如何？这是本小节主要回答的问题。

事实上，无论是风险加权资本充足率和杠杆率的双重监管，还是激励相容的风险加权资本充足率监管，均无法使社会福利恢复至完全信息下的社会最优水平。换言之，它们都在纠正信息不对称带来的金融扭曲的同时，又引入了新维度的扭曲。过严的杠杆率监管在降低银行谎报风险程度的同时，会使得一些低风险银行被迫留存过多的资本金，造成一定的效率损失。而激励相容的风险加权资本充足率监管的代价是扭曲了监管资本和资产风险的一一对应关系，一些银行在真实报告其风险的同时也留存了多余的资本，从而一定程度上降低了金融监管效率。

那么，如何比较这两类监管工具的相对优劣呢？答案取决于经济中监管环境的宽松程度、事后监督的效果、市场约束的有效性等多种因素。如果监管环境较为宽松、事后监管能力有待提高、市场约束机制尚不健全，经济中银行谎报风险的现象较为严重，只有加入较严的杠杆率监管才能有效约束银行行为。但过严的杠杆率监管会带来较大的效率损失，此时，激励相容的风险加权资本充足率可以通过较小的扭曲降低银行谎报风险的激励。相反，如果监管环境较严，事后监管和市场约束非常有效，银行谎报风险的行为并不多见，若采用激励相容的风险加权资本充足率监管，将以扭曲经济中大部分银行的资产选择为代价，造成较大的效率损失，此时，监管者宜实施《巴塞尔协议Ⅲ》中的双重监管模式。

143

　　下文通过数值模拟的方式来阐释不同监管工具下社会福利的变化。数值参数设定如下：$\lambda = 0.8, \delta = 0.08, y = 1.25, b = 0.125, \theta = 0.8$，$c = 0.6, p = 0.5$。图 7.1 和图 7.2 刻画了在其他参数不变，分别改变 λ [①] 和 b [②] 的大小时，不同资本监管工具下社会福利的变化。

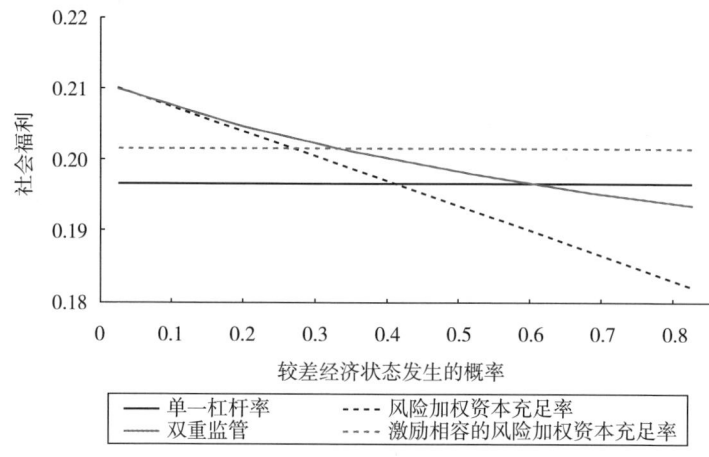

图 7.1　不同监管工具下社会福利随 λ 的变化

　　可以看出，在较差经济状态发生概率较低、银行谎报损失较小时，激励相容的风险加权资本充足率为不同风险资产设置的权重偏离社会最优水平较远，由此带来的社会损失较大，此时杠杆率和风险加权资本充足率的双重监管是社会最优的。而当较差经济状态发生概率较高、银行说谎的声誉成本较大时，需要较严格的杠杆率监管才能较好地规范银行行为，但较严格的杠杆率监管会带来较大的效率损失，此时，本章提出的激励相容风险加权资本充足率监管会使社会福利更高。

---

①　此时放宽 $\lambda = 0.8$ 的假设，研究 λ 取不同数值时的社会福利。
②　此时放宽 $b = 0.125$ 的假设，研究 b 取不同数值时的社会福利。

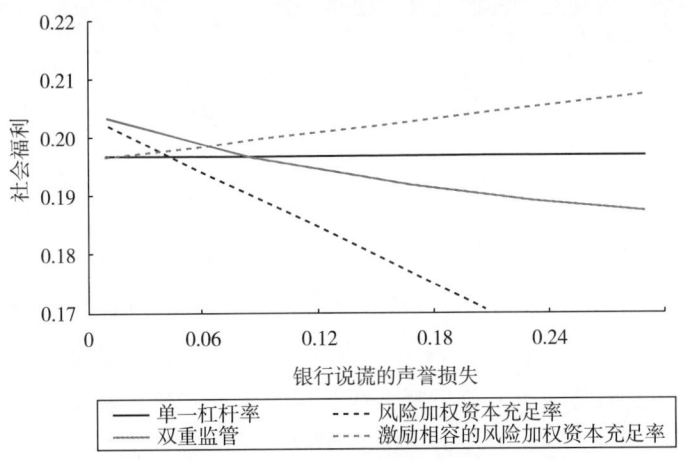

图7.2 不同监管工具下社会福利随 b 的变化

四、进一步讨论

本章和第三章的研究均表明,在信息不对称的现实世界中,即便资本监管政策设计本身能精确反映资产潜在的风险,其有效性也会被银行谎报风险的动机所削弱,使监管政策和银行行为之间出现"激励不相容"。换言之,"金融机构应当采取的行为规范"和"如何激励金融机构真正实现这一行为规范"存在某种程度的内在不一致性,监管者需要在"激励"和"监督"二者之间寻求平衡。第三章讨论的监管工具和本章提出的新型监管工具都在努力寻求这一平衡,但其视角有所不同。第三章着重研究监管者在原先的风险加权资本充足率监管的基础上通过增加新的监管工具来规范银行的行为。而本章提出的激励相容的资本监管工具则侧重对原先的风险加权资本充足率本身进行修正。本章中,为激励银行真实汇报资产风险,监管者需要缩小不同风险资产的风险权重,而这将使银行资本无法充分反映资产的潜在风险。换言之,金融监管是一种"权衡"的艺术,为了更多的"激励",监管者不得不牺牲一些"效率"。从数值模拟结果看,在信息不对称的现实世界中，权衡之后的牺牲有时也是必要的。

第三节 小 结

本章提出了一种新型监管工具——激励相容的风险加权资本充足率监管。如果说危机后新金融监管政策的思路主要是在"不完美"的监管工具上增加新的监管工具，本章提出的新型监管工具则注重对"不完美"监管工具本身的修正。监管者可以通过"策略性地"调整风险资产的风险权重之差，降低银行谎报资产风险的激励，进而提升社会福利。换言之，监管者可以设计更加"激励相容"的监管工具来降低信息不对称带来的效率损失。从这一角度讲，有效的机制设计是监管者事后监管能力的有益补充。但是，正如本章所分析的，激励相容的风险加权资本充足率监管在纠正信息不对称带来的金融扭曲的同时，又会产生另一种新的扭曲，无法使社会福利恢复至社会最优水平。因此，无论监管者设计何种监管工具，都无法完全替代监管者监管能力的提升。

本章进一步指出，最优监管工具的设计需要立足本国国情，其具体形式取决于经济中监管环境宽松程度、事后监督能力、市场约束有效性等多种因素。在一个有着完善金融制度和严格市场规则的经济中，监管者可更多考虑采用杠杆率监管和风险加权资本充足率监管的双重监管工具。反之，在市场制度有待完善、监管环境较为宽松的经济中，激励相容的资本监管工具可能是一个更好的选择。因此，不存在"放诸四海而皆准"的监管政策。各国监管者在制定本国监管政策时需要综合考虑本国的金融制度和市场规则对银行行为约束的有效性，制定出行之有效的监管规则。

第八章　小结和政策建议

第一节　主要结论

本书的主要结论如下：

第一，金融监管政策的优化设计不能忽视信息不对称问题。从理论上讲，金融监管存在的重要原因之一是缓解金融系统中信息不对称问题造成的市场失灵，但是，危机前的金融监管政策在降低信息不对称程度、防范金融风险方面做得还远远不够。《巴塞尔协议Ⅱ》中的风险加权资本充足率监管允许银行采用"内部评级法"自主评估其资产风险，但正如本书所指出的，在信息不对称盛行的现实世界中，银行有激励通过"策略性地"操纵内部模型，来谎报其资产的风险，从而使监管效果大打折扣。在经济繁荣时期，银行通过谎报风险来过度扩张资产负债表的激励更强，加剧了《巴塞尔协议Ⅱ》中资本监管的顺周期性。信息不对称问题也深刻影响着金融体系中的流动性风险，道德风险的存在一定程度上造成银行优质流动性资产储备不足，而逆向选择问题则进一步加剧了流动性危机的蔓延和传播，加剧了流动性危机"自我实现"的特性。与此同时，当信息不对称较为严重时，银行有动机追求过高的"系统重要性"，存在"过度关联"的问题，使得金融体系的整体风险过高，形成较大的系统性风险隐患。因此，金融监管政策的设计和评估不能忽视信息不对称的存在，否则金融监管的有效性将大打折扣，很可能"事倍功半"或者"过犹不及"，甚至诱发金融机构追求高风险的行为，影响整个金融体系的稳定。

147

第二，危机后的新监管政策从不同维度降低了金融中的信息不对称问题，有助于提升金融体系的稳健性。本书的研究表明，由于杠杆率监管不具备风险敏感性，《巴塞尔协议Ⅲ》在原先风险加权的资本充足率基础上新引入合适的杠杆率监管有助于降低银行谎报风险的程度，从而增强金融体系的稳健性，提升社会福利。两者从不同角度共同对银行行为加以规范，相互补充，缺一不可。《巴塞尔协议Ⅲ》新提出的流动性监管指标有助于降低危机发生时的流动性缺口，缓解信息不对称带来的负面影响，对于打破流动性危机的"自我实现"和保障整个金融体系稳定运行非常重要。从时间维度看，逆周期资本缓冲的提出有助于降低银行在经济繁荣期通过谎报风险过度扩张资产负债表的激励，从而对降低金融体系的顺周期性、提升金融稳定具有积极意义。从横截面维度看，对系统重要性金融机构的附加资本监管有助于降低银行的道德风险和相互关联程度，提升资本充足率监管的有效性，降低金融体系的系统性风险。

第三，任何新金融监管工具的引入在修正原有监管工具不足的同时，也可能会带来新的成本。监管者应在事前加强对新监管工具"成本—收益"的分析与评估。杠杆率监管、流动性风险监管、逆周期资本缓冲等新监管政策在纠正信息不对称带来的扭曲的同时，也会带来一定新的扭曲，无法使社会福利恢复至完全信息下的社会最优水平。从这一角度讲，降低金融体系的信息不对称程度，进一步完善金融信息披露制度，切实提高监管者的事后监管能力，是有效提高金融监管效率、提升金融系统稳健性的重要保障。

第四，不存在"放诸四海而皆准"的监管政策，最优监管政策需立足本国国情，"因地制宜"。新监管标准的制定和实施应该秉着"适度"的原则，不能过松也不能过严。如果杠杆率监管标准过于严格，有可能诱发银行追求高风险的行为，增加金融体系风险。如果流动性监管过于严格，也可能带来一些负面效应，如银行盈利能力下降、信贷紧缩等。同时,《巴塞尔协议Ⅲ》中提出的线性增加的逆周期资本缓冲也可能不适用于所有情形。在一定条件下,经济繁荣度越高,逆周期资本缓冲的提升应该越快。因此,最优的监管标准取决于经济中的具体经济参数,如监管环境的宽松程度、银行的风险管理能力、信息披露程度、市场约束的有效性等。一国监管者制定本国监管政策时应充分结合本国国情,找出最优解。

第五,金融监管是一种"权衡"的艺术。在信息不对称的现实世界中,监管者不可能洞察一切,也不可能包揽一切。即便是监管政策本身的设计"完美无瑕",监管者对银行行为进行充分监督的难度仍然较大,而如果单纯通过设计激励相容的监管工具来实现完全激励,有时又难以与监管目标完全一致,造成一定的效率损失。因此,现实的金融监管工具设计应采取有限的激励和有限的监督相结合,在"激励"和"监督"之间寻求平衡。合适的金融监管政策既要考虑"金融机构最优的行为规范",又要考虑"如何激励金融机构真正实现这一行为规范",应通过设计和实施更具激励相容的制度安排和更加有效的事后监督共同实现监管目标。

第六,可考虑设计多重维度的监管工具。为解决危机前监管政策的内在缺陷,各国监管者从不同维度引入了不同类别的监管工具,如通过引入杠杆率监管,试图解决金融机构在风险加权资本充足率下存在的监管套利、虚报风险、杠杆率偏高等问题;通过引入流动性风险监管,试图缓解流动性资产储备不足导致融资流动性和市场流动性相互作用产生的"流动性螺旋";通过施加逆周期资本缓冲解决原有监管体系的顺周期问题;通过对系统重要性金融机构施加附加资本监管解决大型金融机构的道德风险和相互关联问题。从某种意义上讲,目前提出的新监管政策仍然是相互独立的,更多体现了"一种工具解决一个目标"的监管思想。事实上,不同监管目标之间存在紧密联系,不同维度的监管工具之间也存在交叉,监管工具的优化设计应充分考虑

149

不同维度的监管工具之间的相互联系。本书的研究表明，当金融体系中存在信息不对称时，引入"逆周期"的杠杆率监管标准和"逆周期"的流动性监管政策能更好地降低金融体系的风险，提高金融体系的稳健性。

第二节　进一步推进我国金融监管改革的政策建议

金融危机之后，以《巴塞尔协议Ⅲ》为代表的国际金融监管新标准对我国国内金融监管改革的推进产生了重要影响。2009 年，我国成为金融稳定理事会（FSB）和巴塞尔委员会成员国。如何将《巴塞尔协议Ⅲ》这一国际监管标准运用到中国金融监管的具体实践中，仍是我国面临的重要课题。在立足我国具体国情的基础上，充分汲取全球金融危机的教训，借鉴国际金融监管改革最新成果，优化金融监管政策设计，对于深化我国金融改革，提高金融服务实体经济效率和支持经济转型的能力具有重要意义。

近年来，中国人民银行和中国银监会积极参与和推动全球金融监管新标准的制定和完善，并结合国际最新监管标准和我国金融业现状，积极开展金融监管改革的探索。中国银监会结合《巴塞尔协议Ⅲ》的监管要求和我国银行业的具体特点，先后发布了《商业银行资本管理办法（试行）》，《商业银行杠杆率管理办法（修订）》、《商业银行流动性风险管理办法（试行）》等监管政策，对商业银行的最低资本、储备资本、杠杆率、流动性监测指标、逆周期资本以及系统重要性银行的附加资本等要求做出规定。2015 年 12 月，中国人民银行将差别准备金动态调整机制"升级"为宏观审慎评估体系，从资本和杠杆、资产负债、流动性、定价行为、资产质量、跨境融资风险、信贷政策执行情况七个方面引导银行业金融机构加强自我约束和自律管理。相较于原有体系，MPA 是一种更加全面、更有弹性、更加有效的评估体系。

当前，我国的金融监管改革仍然处于研究探索和不断完善的过程之中。在不断深化金融体制改革的过程中，我国金融体系面临着潜在的系统性风险，在运行中也表现出一定的顺周期性[①]。近年来，我国商业银行业态变化非常迅速，金融创新步伐加快，同业业务、理财业务、投行业务等逐步活跃，融资渠道多元化趋势进一步显现。同时，我国"影子"银行体系快速发展，其较高的杠杆率进一步增加了金融体系的风险隐患。随着我国金融体系不断深化，金融产品种类和结构日趋复杂，金融业对外开放加速推进，金融监管中的信息不对称问题也会更加突出，使金融监管的效果更加复杂和不确定。在此背景下，加快推进金融监管改革、维护我国金融体系的稳定是一项长期而艰巨的任务。本书通过对危机后新金融监管政策的分析评估，拟对我国进一步推进金融监管改革提出如下建议。

第一，引入新监管工具时应注重其"成本—收益"分析。任何监管工具的引入都存在一定的成本，从一个维度降低金融风险的同时，也可能在另一个维度降低了监管效率。因此，要提高金融政策的前瞻性，事前深入评估不同监管工具的成本和收益，认真权衡使用新型监管工具来抑制金融风险、增强金融稳定的"收益"是否与其"成本"相匹配。

第二，国际监管标准在我国的落地生根应结合我国具体国情，寻找最适合我国金融监管框架的最优参数。最优的监管标准取决于一国具体的金融经济参数，如监管环境的宽松程度、银行风险管理能力、信息披露程度、市场约束的有效性等。我国金融机构在资产结构、创新业务规模、融资来源和金融产品复杂程度等方面仍与国外存在较大差异。因此，不能完全照搬国际监管标准中建议的监管指标，而要根据我国金融体系的发展水平进行相应调整。

[①] 详见中国金融监管制度优化设计研究课题组（2016）。

第三，完善信息披露制度，加强市场约束效力。完备的金融制度、有力的市场约束和及时透明的信息披露要求是提高监管效率、降低金融体系风险的重要保障。在信息不对称较为严重的金融体系中，若完全依赖金融监管来规范金融机构的行为，则必须施加非常严格的金融监管要求，但过于严格的监管要求会降低金融体系的运行效率，甚至带来新的扭曲。因此，金融监管要想发挥应有之义，需要成熟配套的金融市场提供支持，通过有效的市场约束和监督，加大银行不审慎行为的"隐性成本"，提升金融监管的有效性。

第四，金融监管要"长牙齿"，严厉惩处违规行为。在信息不对称严重的金融体系中，如果银行预期到其隐瞒风险的行为事后未必能被监管者所觉察，银行有很强的激励通过"操纵模型"和监管套利等方式来逃避监管。在巨大的利益面前，监管机构的口头警告充其量不过是纸上谈兵，而严厉的惩罚措施才是有效规范银行行为、降低信息不对称程度的重要保障。因此，宜进一步加大违规行为的惩处力度，通过巨大的违规成本和声誉损失成本制约银行的不当行为，保障金融体系的健康运行。

第五，优化提升金融机构的融资结构，推动建立充分的流动性储备，进一步完善事前流动性监管措施。资产方面，宜提高流动性资产的储备要求，降低流动性冲击发生时的流动性缺口，同时进一步加强流动性信息披露，降低道德风险和逆向选择问题，避免金融体系陷入"自我实现"式的"流动性螺旋"。负债方面，应进一步优化金融机构的融资结构，降低短期批发型融资等不稳定融资来源的比重，鼓励金融机构更加倚重长期稳定的融资来源。

第六，适度限制银行之间的关联程度和同业业务规模。当信息不对称较为严重时，银行有动机自发追求过高的相互关联程度和同业业务规模，出现"过度关联"，增加了相互间的风险传染性。而过度的同业往来反过来又进一步增加了信息不对称的程度，形成较大的系统性风险隐患。因此，适当控制银行之间的关联程度和同业业务规模，有助于降低银行的道德风险行为，避免系统性风险的积累和跨机构传播，提升金融体系的稳健性。

第七，加强对市场参与者的预期引导。在不对称信息下，银行间市场可能存在多重均衡。银行间市场的交易行为一定程度上具有预期的自我实现机制，不同的预期可能形成不同的均衡点。有效金融体系的构建有赖于市场主体形成正面预期。加强和规范银行风险管理，有效引导金融行为和社会心理预期，对于降低系统性风险，提升金融体系的稳健性具有重要意义。

第八，注重不同监管工具之间的内在联系。危机后的金融监管改革引入了不同维度的新型监管工具，以分别弥补原有监管政策暴露出的高杠杆、流动性错配、顺周期、"大而不能倒"等问题。事实上，不同监管目标之间存在交叉，不同维度的监管工具之间也具有内在联系。本书的研究表明，当金融体系中存在信息不对称时，引入"逆周期"的杠杆率监管标准和"逆周期"的流动性监管政策有助于降低金融体系风险，提高金融体系的稳健性。因此，监管工具的优化设计应充分考虑到不同维度之间的相互联系，有效提升监管效率。

附　　录

附录部分为本书主要命题和定理的证明。

第三章

引理 3.1 的证明

如果银行留存的资本足以应对可能产生的损失，即 $k_L \geqslant 1 - \beta y$，银行的预期收益为 $y - 1 - \delta k_L$。如果 $k_L \leqslant 1 - \beta y$，银行的期望收益为 $\theta[\beta y + (1 - \beta)Y - (1 - k_L)] - (1 + \delta)k_L$，监管者的期望收益为 $-(1 - \theta)(1 + c)(1 - k_L - \beta y)$。期望的社会福利为 $y - 1 - c(1 - \theta)(1 - \beta y) + [c(1 - \theta) - \delta]k_L$。

监管者求解下述最大化问题，得到最优的杠杆率 k_L

$$Max k_L(y - 1 - \delta k_L) + \int_0^{\frac{1 - k_L}{y}} \{y - 1 - c(1 - \theta)(1 - \beta y)$$

$$+ [c(1 - \theta) - \delta]k_L\} y d\beta$$

求解上述最大化问题，可以得到 $k_L^* = 1 - \dfrac{\delta}{c(1 - \theta)}$，将其代入社会福利函数，引理 3.1 得证。

引理 3.2 的证明

给定风险加权的资本充足率监管，如果银行真实汇报其资产风险，$\beta' = \beta$，其期望收益为 $\pi_b^t = y - 1 - \delta(1 - \beta y)$，如果银行谎报其风险 $\beta' > \beta$，该行为以 p 的概率被监管者发现，此时银行的期望收益为

154

$\pi_b^d = y - 1 - \delta(1 - \beta y) - f(\beta' - \beta)$ ，以 $1 - p$ 的概率未被监管者发现，此时银行的期望收益为 $\pi_b^{nd} = y - \theta - \beta y(1 - \theta) - (1 - \beta' y)(1 - \theta + \delta)$ 。银行说谎的期望收益为 $\pi_b^m = p\pi_b^d + (1 - p)\pi_b^{nd}$ 。

通过比较 π_b^t 和 π_b^m ，可以得到引理 3.2。

引理 3.3 的证明

当较差经济状态发生时，如果银行谎报其风险为 $\beta' = 1/y$ ，其期望收益为 $p[y - 1 - \delta(1 - \beta y) - b(1/y - \beta)] + (1 - p)\{\theta[\beta y + (1 - \beta)Y - 1]\}$ ，监管者的期望收益为 $-(1 + c)(1 - \theta)(1 - p)(1 - \beta y)$ ，期望的社会福利为 $y - 1 - p\delta(1 - \beta y) - pb(1/y - \beta) - c(1 - \theta)(1 - p)(1 - \beta y)$ 。如果较好经济状态发生，银行总会真实汇报其风险，留存资本量 $1 - \beta y$ 。此时银行的收益为 $y - 1 - \delta(1 - \beta y)$ 。因此当监管者使用风险加权的资本充足监管工具时，社会的期望收益为 $\pi_s^R = \int_0^{\frac{1}{y}} \lambda[y - 1 - p\delta(1 - \beta y) - pb(1/y - \beta) - c(1 - \theta)(1 - p)(1 - \beta y)] + (1 - \lambda)[y - 1 - \delta(1 - \beta y)]y d\beta = y - 1 - \frac{1}{2}\delta - \frac{1}{2}\lambda[pb\frac{1}{y} + c(1 - \theta)(1 - p) + p\delta - \delta]$ 。

引理 3.3 得证。

命题 3.1 的证明

给定杠杆率 k' ，如果 $\beta < \dfrac{1 - k'}{y}$ ，银行在较差经济状态发生时会谎报风险 $\beta' = \dfrac{1 - k'}{y}$ 并保留 k' 的资本，在较好经济状态发生时真实汇报其风险并保留 $1 - \beta y$ 的资本。较差经济状态发生时社会福利为 $y - 1 - p\delta(1 - \beta y) - pb(1/y - \beta) - c(1 - \theta)(1 - p)(1 - \beta y) + p[b\frac{1}{y} + c(1 - \theta)(1 - p) + p\delta - \delta]k'$ ；较好经济状态发生时的社会福

利为 $y - 1 - (1 - \beta y)\delta$ 。

如果 $\beta > \dfrac{1 - k'}{y}$ ，银行总有激励说真话，并保留 k' 的资本，此时社会福利为 $y - 1 - (1 - \beta y)\delta$ 。

由于 β 在 $[0, 1/y]$ 的区间内均匀分布，监管者求解如下的最大化问题以确定最优的杠杆率 k' 。

$$Max k'(y - 1 - \delta k') + \int_0^{\frac{1-k'}{y}} [\lambda\{y - 1 - p\delta(1 - \beta y) - pb(1/y - \beta)$$

$$- c(1 - \theta)(1 - p)(1 - \beta y) + p\left[b\frac{1}{y} + c(1 - \theta)(1 - p) + p\delta - \delta\right]$$

$$k'\} + (1 - \lambda)[y - 1 - (1 - \beta y)\delta]]y d\beta$$

求解上述问题，命题 3.1 得证。

引理 3.4 的证明

给定 e，银行在较差经济状态实现时的期望收益为：

$$p\left[y - 1 - \delta(1 - ey) - b\left(\frac{1}{y} - e\right)\right] + (1 - p)[y - \theta - ey(1 - \theta)] - m e^2$$

在较好经济状态实现时，银行总有激励真实汇报其风险，期望收益为：

$$y - 1 - \delta(1 - ey) - m e^2$$

银行做甄别决策时，最大化如下期望收益：

$$\max_e \lambda\left\{p\left[y - 1 - \delta(1 - ey)\right.\right.$$

$$\left.- b\left(\frac{1}{y} - e\right)\right] + (1 - p)[y - \theta - ey(1 - \theta)]\right\}$$

$$+ (1 - \lambda)[y - 1 - \delta(1 - ey)] - m e^2$$

上述最大化问题的解为

$$e_R^* = \frac{\lambda[p\delta y + pb - (1 - p)y(1 - \theta)] + (1 - \lambda)\delta y}{2m}$$

此时的社会福利函数为

$$\tilde{\pi}_S^R = y - 1 + (1 - e_R^* y)\left[\lambda\delta - \delta - \lambda p b \frac{1}{y} - \lambda c(1 - \theta)(1 - p) - \lambda p\delta\right] - m e_R^{*2}。$$

引理 3.4 得证。

命题 3.2 的证明

命题 3.2 易由引理 3.4 推导出。一方面，如果 $\tilde{k}' < 1 - e_{LR}^* y$，银行在较差经济状态发生时将有激励谎报风险，资本留存不足。另一方面，如果 $\tilde{k}' > 1 - e_{LR}^* y$，银行的甄别努力水平将会降至 $e' = \dfrac{1 - \tilde{k}'}{y}$，并在任何经济状态发生时真实汇报其资产的风险。此时，监管者将努力降低银行实际的甄别努力与社会最优努力水平 e^* 的差距。因此，最优的杠杆率水平不应该高于 $1 - e_{LR}^* y$。综上，最优的杠杆率水平应为 $1 - e_{LR}^* y$。

命题 3.2 得证。

命题 3.3 的证明

命题 3.3 可直接由引理 3.1、引理 3.3、命题 3.1 联合证得。

命题 3.4 的证明

命题 3.4 可直接由命题 3.2 和式（3.7）证得。

第四章

引理 4.1 的证明

在约束条件下求解式（4.1）和式（4.2），在合理的参数取值范围下，可求得高风险银行项目成功收益和市场流动性总量的限制，即

$$R < \frac{r - (1 - p)(1 - q)}{p}$$

$$K > \underline{K} = \frac{b\left[f\bar{d}(1 - q)(R - 1) - (1 - f)\bar{d}q\left(\frac{1}{r} - \frac{1}{R}\right)\right]}{r\left[(1 - q)(R - 1) - (1 - f)dqR(1/r - 1/R) - (1 - f)d(1 - q)(R - 1)/r\right]}$$

$$- \lambda \frac{(1 - f)dqR\left(\frac{1}{r} - \frac{1}{R}\right)}{(1 - q)(R - 1)} + f\bar{d}$$

引理 4.1 得证。

命题 4.1 的证明

当市场流动性使得高风险银行恰好资不抵债时，易求得此时市场中的流动性总量 $\tilde{K}$，

$$\tilde{K} = \frac{f\bar{d}b}{pR - (1 - f)dp} - \lambda \frac{Rr - r(1 - f)d - pR^2 + (1 - f)dpR}{r\left[1 + \frac{R - 1}{q}\right] - \frac{Rp[R - (1 - f)d]}{fd}} + f\bar{d}$$

易得当 $K < \tilde{K}$ 时，高风险银行在事前没有激励持有足够的流动性资产，当流动性冲击实现时将资不抵债陷入破产。结合引理 4.1，可证得命题 4.1 所述结论。

引理 4.2 的证明

引理 4.2 易由引理 4.1 直接得出。

命题 4.2 的证明

在混同均衡下，投资者无法区分银行出售的资产是高风险还是低风险，因此只能根据对资产质量的平均预期做决策。由于低风险银行项目的收益低于高风险银行项目成功时的收益，所以当市场流动性总量不足时，低风险银行更容易进行破产清算。

在约束条件下求解式（4.8）和式（4.9），易得

$$\hat{K} = f\bar{d} + \frac{f\bar{d}rb}{[\lambda r + (1-\lambda)Rp][r-(1-f)d]}$$

命题 4.2 得证。

命题 4.3 的证明

命题 4.3 易由命题 4.1 和命题 4.2 联合证得。

第五章

命题 5.1 的证明

当 $\pi_m(n) - \pi_t \geqslant 0$，即

$$\frac{(1-\beta)Ry}{1-\beta y} \geqslant \frac{p(f+y+\delta y)}{\theta} + (1-p)y \quad （5.5）$$ 时，银行将谎报其风险。

容易看出，式（5.5）左边是 β 的增函数，说明 β 越大，银行谎报风险的动机越强。式（5.5）右边是 θ 的减函数，说明当 θ 增加时，有更高比例的银行将谎报其风险。由于 β 的值介于 $[\beta_1, \beta_2]$ 之间，当 $\beta = 0$ 时，使式（5.5）为紧的 θ 值为 $\theta_H = \dfrac{p(f+y+\delta y)}{\dfrac{(1-\beta_1)Ry}{1-\beta_1 y} - (1-p)y}$。当 $\beta = \beta_2$ 时，使式（5.5）为紧的 θ 值为 $\theta_L = \dfrac{p(f+y+\delta y)}{\dfrac{(1-\beta_2)Ry}{1-\beta_2 y} - (1-p)y}$。因此，

当经济繁荣至 $\theta \geqslant \theta_H$ 时，经济体中的所有银行均有激励谎报其风险。当经济较为不景气，即 $\theta \leqslant \theta_L = \dfrac{p(f+y+\delta y)}{\dfrac{(1-\beta_2)Ry}{1-\beta_2 y} - (1-p)y}$ 时，经济体中

的所有银行均有激励说真话。当 $\theta \in [\theta_L, \theta_H]$ 时，使得式（5.5）为

紧的 β 值为 $\beta(\theta) = \dfrac{1}{y}\left[1 - \dfrac{R(y-1)}{(1-p)y + \dfrac{pf + py(1+\delta)}{\theta} - R}\right]$。安全资

产比例位于 $[\beta(\theta), \beta_2]$ 的银行将谎报其安全资产比例 $\beta' = \beta_2$，安全资
产比例位于 $[\beta_1, \beta(\theta)]$ 的银行将真实汇报其安全资产比例。

命题 5.1 得证。

命题 5.2 的证明

当 $\theta \in [\theta_L, \theta_H]$ 时，谎报风险银行的比重为

$$\frac{\beta_2 - \beta(\theta)}{\beta_2 - \beta_1} = \frac{\beta_2 - \dfrac{1}{y}\left[1 - \dfrac{R(y-1)}{(1-p)y + \dfrac{pf + py(1+\delta)}{\theta} - R}\right]}{\beta_2 - \beta_1} \quad (5.6)$$

容易看出，式（5.6）是 θ 的增函数。

命题 5.2 得证。

命题 5.3 的证明

当经济繁荣程度 θ 位于 $[\theta_L, \theta_H]$ 的区间上时，由命题 5.1 可得，位
于 $[\beta(\theta), \beta_2]$ 区间内的银行会谎报其安全资产比例 $\beta' = \beta_2$，这部分银
行资产负债表的规模为 $\dfrac{1}{1 - \beta_2 y}$，位于 $[\beta_1, \beta(\theta)]$ 区间上的银行将真
实汇报其安全资产比例，这部分银行资产负债表的规模为 $\dfrac{1}{1 - \beta y}$。因
此，银行体系总规模为

$$L(\theta) = \frac{1}{\beta_2 - \beta_1}\int_{\beta_1}^{\beta(\theta)} \frac{1}{1 - \beta y}d\beta + \frac{1}{\beta_2 - \beta_1}\int_{\beta(\theta)}^{\beta_2} \frac{1}{1 - \beta_2 y}d\beta$$

$$= \frac{1}{\beta_2 - \beta_1}\left[\frac{1}{y}In(1 - \beta_1 y) - \frac{1}{y}In(1 - \beta(\theta)y)\right]$$

$$+ \frac{1}{\beta_2 - \beta_1}\left(\frac{\beta_2 - \beta(\theta)}{1 - \beta_2 y}\right)$$

$$= \frac{1}{\beta_2 - \beta_1} \Big[\frac{1}{y} In \Big(\frac{1 - \beta_1 y}{1 - \beta(\theta) y} \Big) + \frac{\beta_2 - \beta(\theta)}{1 - \beta_2 y} \tag{5.7}$$

式（5.7）对 θ 求导可得：

$$L'(\theta) = \frac{1}{\beta_2 - \beta_1} \Big(\frac{1}{1 - \beta(\theta) y} - \frac{1}{1 - \beta_2 y} \Big) \beta'(\theta)$$

因为 $\beta(\theta) \leqslant \beta_2$ ，$\beta'(\theta) < 0$ ，因此 $L'(\theta) > 0$ ，即经济体中银行总规模是经济繁荣程度 θ 的增函数。

命题 5.3 得证。

推论 5.1 的证明

$n(\theta)$ 对 θ 求导

由于 $\theta \leqslant \dfrac{pf + py(1 + \delta)}{Ry - (1 - p)y} \leqslant \dfrac{pf + py(1 + \delta)}{R - (1 - p)y}$

$$\frac{\partial n(\theta)}{\partial \theta} = R(y - 1) [pf + py(1 + \delta)] [pf + py(1 + \delta)$$

$$- \theta(R - (1 - p)y)]^{-2} > 0$$

$$\frac{\partial^2 n(\theta)}{\partial \theta^2} = 2R(y - 1) [pf + py(1 + \delta)] (R - (1 - p)y)$$

$$[pf + py(1 + \delta) - \theta(R - (1 - p)y)]^{-3} > 0$$

推论 5.1 得证。

第六章

引理 6.1 的证明

由式（6.1）可得，$r_{NR} = \dfrac{1}{e} - \dfrac{(1 - e)(1 - \alpha) Y_l}{e} - 1$ ，代入约束条件，即为

$$Y_h \geqslant \frac{1}{e} - \frac{(1 - e)(1 - \alpha) Y_l}{e} \qquad (6.18)$$

在均衡时，银行的努力水平需满足式（6.18）成立的条件。

将 r_{NR} 代入银行期望利润的表达式中，可得银行的期望利润为

$$\pi_{NR}(e) = eA Y_h + (1 - e)A(1 - \alpha)Y_l - A - m e^2 \qquad (6.19)$$

式（6.19）对 e 求一阶条件，可得 $e_{NR}^* = \dfrac{A(Y_h - Y_l) + A\alpha Y_l}{2m}$

将 e_{NR}^* 代入银行的期望利润，可得 $\pi_{NR}^* = \dfrac{[A(Y_h - Y_l) + A\alpha Y_l]^2}{4m} +$

$A(1 - \alpha)Y_l - A$

引理 6.1 得证。

引理 6.2 的证明

当存在银行间市场时，存款市场上的均衡条件为：

$$A = [1 - (1 - e)^2]A(1 + r_R) + (1 - e)^2(1 - \alpha)A Y_l \qquad (6.20)$$

将等式（6.20）和等式（6.3）代入（6.5），可以得到

$$LR \geqslant \frac{(1 - e)[A - A Y_l + \alpha(1 - e)^2 A Y_l]}{2e - e^2} \qquad (6.21)$$

将等式（6.3）代入（6.4），可以得到

$$R \leqslant \frac{(1 - e)(Y_h - Y_l)}{(1 - e)Y_l + e Y_h} \qquad (6.22)$$

由于银行在回购市场上的每单位融资会产生交易成本 ε，因此银行会最小化 L，通过式（6.21）和式（6.22）可以看出，均衡时（6.21）和（6.22）均为紧。换言之，联立（6.3）、（6.20）、（6.21）、（6.22）可以内生唯一确定均衡时的 L、R、r_R 和 A^C。

引理 6.2 得证。

命题 6.1 的证明

当存在银行间市场时，银行的期望利润可以表示为

$$\pi_R(e) = eA\,Y_h + (1 - e)A\,Y_l - \alpha A\,(1 - e)^2 Y_l - A - m\,e^2$$

$$(6.23)$$

对式（6.23）中的 e 求一阶条件，即可得到命题6.1中的 e_R^* 。

将 e_R^* 代入为紧的式（6.21）和式（6.22），可得

$$L^* = \frac{[A - A\,Y_l + \alpha(1 - e_R^*)^2 A\,Y_l][Y_l + e_R^*(Y_h - Y_l)]}{(2e_R^* - e_R^{*2})(Y_h - Y_l)}$$

当不存在银行间市场时，银行的期望利润可以表示为

$$\pi_{NR}(e) = eA\,Y_h + (1 - e)A\,Y_l - \alpha A(1 - e)Y_l - A - m\,e^2$$

$$(6.24)$$

通过对比式（6.23）和式（6.24）可以发现，对于任意给定的银行努力程度，（6.23）的值均高于（6.24），即 $\pi_R(e_{NR}^*) \geqslant \pi_{NR}(e_{NR}^*)$ ，又因为 e_R^* 是最大化（6.23）的解，因此 $\pi_R(e_R^*) \geqslant \pi_R(e_{NR}^*) \geqslant \pi_{NR}(e_{NR}^*)$ 。

命题6.1得证。

命题6.2 的证明

求解式（6.7）中银行的最大化问题，容易得到：

$$e^* = \frac{A\,Y_h - A(1 + r_{NR})}{2m} \qquad (6.25)$$

其中 r_{NR} 由（6.6）式决定，$r_{NR} = \dfrac{1}{e_E} - \dfrac{(1 - e_E)(1 - \alpha)Y_l}{e_E} - 1$

$$(6.26)$$

均衡时 $e^* = e_E$ ，联立（6.25）和（6.26）可得，e 是下述方程的解：

$$2m\,e^2 - [A\,Y_h - A\,Y_l - A\alpha\,Y_l]e + A - (1 - \alpha)A\,Y_l = 0 \quad (6.27)$$

当 $m \leqslant \dfrac{A(Y_h - Y_l + \alpha\,Y_l)^2}{8[1 - (1 - \alpha)Y_l]}$ (6.28) 时，上述一元二次方程的 $\Delta \geqslant 0$ ，即经济体中存在双重均衡，如果 $\Delta < 0$ ，满足（6.27）的集合为空

集，此时经济中不存在理性预期均衡。

在（6.28）满足时，对（6.27）求解可得：

$$e_1^{NR} = \frac{A(Y_h - Y_l + \alpha Y_l) - (A^2(Y_h - Y_l + \alpha Y_l)^2 - 8mA(1 - Y_l + \alpha Y_l))^{1/2}}{4m},$$

$$e_2^{NR} = \frac{A(Y_h - Y_l + \alpha Y_l) + (A^2(Y_h - Y_l + \alpha Y_l)^2 - 8mA(1 - Y_l + \alpha Y_l))^{1/2}}{4m}$$

易验证，当（6.28）满足时，e_1^{NR} 和 e_2^{NR} 均位于 ［0，1］的区间内，都是有效解，因此经济体中存在双重均衡。

命题6.2得证。

命题6.3的证明

当其他参与者对于银行努力水平的预期为 e_E 时，存款市场和回购市场的均衡条件分别为：

$$A = [1 - (1 - e_E)^2]A(1 + r) + (1 - e_E)^2(1 - \alpha)A Y_l \quad (6.29)$$

$$L = e_E L(1 + R) + (1 - e_E)A^C Y_l \quad (6.30)$$

与证明引理6.2的思路相似，在均衡时，式（6.21）和式（6.22）需同时为紧。联立（6.21）、（6.22）、（6.29）、（6.30）四式，可以解出均衡下 L、R、r 和 A^C 的表达式。

$$R = \frac{(1 - e_E)(Y_h - Y_l)}{(1 - e_E)Y_l + e_E Y_h} \quad (6.31)$$

$$L = \frac{[A - A Y_l + \alpha(1 - e_E)^2 A Y_l][Y_l + e_E(Y_h - Y_l)]}{(2e_E - e_E^2)(Y_h - Y_l)} \quad (6.32)$$

$$r = \frac{1 - (1 - e_E)^2(1 - \alpha)A Y_l}{(2e_E - e_E^2)} - 1 \quad (6.33)$$

$$A^C = \frac{1}{Y_h}\left\{ \frac{[A - A Y_l + \alpha(1 - e_E)^2 A Y_l][Y_l + e_E(Y_h - Y_l)]}{(2e_E - e_E^2)(Y_h - Y_l)} \right.$$
$$\left. [1 + \frac{(1 - e_E)(Y_h - Y_l)}{(1 - e_E)Y_l + e_E Y_h}] \right\} \quad (6.34)$$

求解银行的最大化问题，易得到

$$e^* = \frac{A Y_h + A^C Y_l - L(1+R) - A(1+r) + e_E[A(1+r) - A Y_l]}{2m}$$

$$(6.35)$$

在理性预期均衡下，$e^* = e_E$ (6.36)

联立 (6.31)、(6.32)、(6.33)、(6.34)、(6.35)、(6.36) 可以得到，均衡时银行努力程度是如下方程的解。

$$(2m + \alpha A Y_l) e^2 - [A Y_h + A Y_l - 2(1-\alpha)A Y_l]e + A - (1-\alpha)A Y_l = 0$$

求解上述方程可得 e_1^R 和 e_2^R

可以看出，当 $m \leqslant \dfrac{A[(Y_h - Y_l)^2 + 4\alpha Y_l Y_h - 4\alpha Y_l]}{8[1 - (1-\alpha)Y_l]}$ 时，$\Delta \geqslant 0$，

即经济体中存在双重均衡，当 $m > \dfrac{A[(Y_h - Y_l)^2 + 4\alpha Y_l Y_h - 4\alpha Y_l]}{8[1 - (1-\alpha)Y_l]}$

时，$\Delta < 0$，经济体中不存在银行间相互借贷时的均衡。

命题 6.3 得证。

命题 6.4 的证明

由于银行破产概率为两家银行自有项目同时失败时的情形，即为 $(1-e)^2$，为 e 的减函数。因此，只要证明 $e_1^R < e_2^R < e_R^*$，即可说明在银行自发形成的金融体系中，银行破产概率升高，金融体系的系统性风险增加。

显然，$e_1^R < \dfrac{A Y_h + A Y_l - 2(1-\alpha)A Y_l}{2(2m + \alpha A Y_l)} < e_R^*$，下面主要证明 $e_2^R < e_R^*$

由于 e_1^R，e_2^R 是如下方程的两个解，且 $e_1^R < e_R^*$

$$(2m + \alpha A Y_l) e^2 - [A Y_h + A Y_l - 2(1-\alpha)A Y_l]e + A - (1-\alpha)A Y_l = 0$$

如果能证明 $(2m + \alpha A Y_l) e_R^{*2} - [A Y_h + A Y_l - 2(1-\alpha)A Y_l]e_R^* + A - (1-\alpha)A Y_l > 0$ (6.37)

即可说明 $e_2^R < e_R^*$

将 $e_R^* = \dfrac{A(Y_h - Y_l) + 2A\alpha Y_l}{2m + 2A\alpha Y_l}$ 代入（6.37），化简整理得

$$m \geqslant (Y_h - Y_l + 2\alpha Y_l)\left(\frac{\alpha Y_l}{4 - 4Y_l + 4\alpha Y_l}\right)^{\frac{1}{2}} - \alpha Y_l \qquad (6.38)$$

因此，只要能证明（6.38）成立，命题6.3即可得证。

由假设6.1可得，$m \geqslant \dfrac{1}{2}(Y_h - Y_l)$，因此，如能证明

$$(Y_h - Y_l + 2\alpha Y_l)\left(\frac{\alpha Y_l}{4 - 4Y_l + 4\alpha Y_l}\right)^{\frac{1}{2}} - \alpha Y_l \leqslant \frac{1}{2}(Y_h - Y_l)$$

$$(6.39)$$

命题6.3即可得证。将式（6.39）移项化简整理变为

$$(Y_h - Y_l + 2\alpha Y_l)^2(1 - Y_l) \geqslant 0 \qquad (6.40)$$

容易看出，式（6.40）显然成立。

命题6.4得证。

引理6.3的证明

从式（6.32）中可以看出，均衡时

$$L = \frac{[A - AY_l + \alpha(1 - e)^2 A Y_l][Y_l + e(Y_h - Y_l)]}{(2e - e^2)(Y_h - Y_l)},$$

L 对 e 求导，化简得：

$$\frac{\partial L}{\partial e} = \frac{\begin{array}{c}-e^2(e-1)(e-3)\alpha AY(Y_h - Y_l) + e^2(Y_h - Y_l)(A - AY_l)\\ + 2(e-1)Y_l(\alpha A Y_l + A - A Y_l)\end{array}}{(2e - e^2)^2}$$

$$(6.41)$$

由于式（6.41）的分母为正，当其分子小于零时，L 是 e 的减函数，令其分子为 $f(e)$，则

$$f(e) = -e^2(e-1)(e-3)\alpha AY(Y_h - Y_l) + e^2(Y_h - Y_l)$$

$$(A - AY_l) + 2(e-1)Y_l(\alpha A Y_l + A - A Y_l) \qquad (6.42)$$

容易看出，在 $e \in (0,1)$ 时，$f(e)$ 是 e 的增函数。

因此，当 $f(e_R^*) < 0$　（6.43）时，在 $e \in (0, e_R^*)$ 上，银行关联度是银行的努力程度的减函数。

在下文的讨论中，本书关注式（6.43）成立时的情形。

由于命题 6.3 已经证明 $e_1^R < e_2^R < e_R^*$，易得 $L_1 > L_2 > L_R^*$。

引理 6.3 得证。

引理 6.4 的证明

求解式（6.11）中银行的最大化问题，容易得到：

$$e^* = \frac{A Y_h - (A - An)(1 + r_{NR})}{2m} \tag{6.44}$$

其中 r_{NR} 由式（6.10）决定，$r_{NR} = \dfrac{1}{e_E} - \dfrac{(1 - e_E)(1 - \alpha) Y_l}{e_E (1 - n)} - 1$

$$\tag{6.45}$$

均衡时 $e^* = e_E$，联立（6.44）和（6.45）可得，e 是下述方程的解：

$$2m e^2 - [A Y_h - A Y_l - A\alpha Y_l]e + A - An - (1 - \alpha)A Y_l = 0$$

$$\tag{6.46}$$

当 $m \leqslant \dfrac{A (Y_h - Y_l + \alpha Y_l)^2}{8[1 - n - (1 - \alpha) Y_l]}$ （6.47）时，上述一元二次方程的 $\Delta \geqslant 0$，即经济体中存在双重均衡，如果 $\Delta < 0$，满足（6.46）的集合为空集，此时经济中不存在理性预期均衡。

在（6.47）满足时，对（6.46）求解可得：

$$\tilde{e}_1^{NR} = \frac{A(Y_h - Y_l + \alpha Y_l) - (A^2 (Y_h - Y_l + \alpha Y_l)^2 - 8mA(1 - n - Y_l + \alpha Y_l))^{1/2}}{4m},$$

$$\tilde{e}_2^{NR} = \frac{A(Y_h - Y_l + \alpha Y_l) + (A^2 (Y_h - Y_l + \alpha Y_l)^2 - 8mA(1 - n - Y_l + \alpha Y_l))^{1/2}}{4m}$$

易验证，当（6.47）满足时，e_1^{NR} 和 e_2^{NR} 均位于 $[0, 1]$ 的区间内，

167

都是有效解，因此经济体中存在双重均衡。

引理 6.4 得证。

命题 6.6 的证明

由于较差均衡下银行的关联程度高于较好均衡下的银行关联度，即 $L_1 > L_2$ ，监管者可以通过对于关联度较大的银行（如 $L > L_2$ ）的银行施加附加资本监管，从而排除较差均衡。由于监管者的监管目的是为了去除较差均衡，此时监管者的监管工具并不唯一。此处本书只分析一种最简单的情况，对于其他情形的附加资本监管，这里不再详细展开。

最简单的情况监管者对于关联度超过 L_2 的银行均施加一定的附加资本监管，即 $\dfrac{k}{A + L} \geq n'$ 。其中 k 为银行需要保留的资本量，n' 为附加资本充足率。

在附加资本加入之后，如果银行的关联度超过 L_2 ，此时其受到的资本约束变为 $\dfrac{k}{A + L} \geq n + n'$ ，此时附加资本监管将影响银行的努力程度和银行关联度，经济体中可能出现两种新的均衡：

较好均衡下，银行的努力程度变为

$$e = \frac{A\,Y_h + A\,Y_l - 2(1 - \alpha)A\,Y_l + ([A\,Y_h + A\,Y_l - 2(1 - \alpha)A\,Y_l]^2 \\ - 4(2m + \alpha A\,Y_l)(A - (n + n')(A + L)(1 - \alpha)A\,Y_l))^{\frac{1}{2}}}{2(2m + \alpha A\,Y_l)}$$

$$(6.48)$$

在较差均衡下，银行的努力程度变为

$$e = \frac{A\,Y_h + A\,Y_l - 2(1 - \alpha)A\,Y_l - ([A\,Y_h + A\,Y_l - 2(1 - \alpha)A\,Y_l]^2 \\ - 4(2m + \alpha A\,Y_l)(A - (n + n')(A + L)(1 - \alpha)A\,Y_l))^{\frac{1}{2}}}{2(2m + \alpha A\,Y_l)}$$

$$(6.49)$$

其中

$$L = \frac{[A - (n + n')A - A Y_l + \alpha (1 - e)^2 A Y_l][Y_l + e(Y_h - Y_l)]}{(2e - e^2)(Y_h - Y_l) + (n + n')[Y_l + e(Y_h - Y_l)]}$$

$$(6.50)$$

需要注意的是，由于附加资本监管只在 $L > L_2$ 时起作用。而资本充足率监管会提高较好均衡下银行的努力程度，因而降低较好均衡下的银行关联度。在附加资本监管加入后，由于在新的较好均衡下银行关联度 $\tilde{L}_2$ 低于原来较好均衡下的银行关联度 L_2，此时附加资本监管不起作用。换言之，附加资本监管只影响了新均衡下的较差均衡，此时联立（6.49）和（6.50），可以解得较差均衡中的银行努力程度 $\tilde{e}_1$ 和 $\tilde{L}_1$。

由于施加附加资本监管后银行的期望利润下降，如果附加资本监管比较严格，即 $n' \geq \bar{n}$ 时，施加附加资本监管后银行的利润小于银行不在回购市场上进行借贷的期望利润，则银行不会通过回购市场相互关联，即较差均衡不复存在，其中 $\bar{n}$ 满足

$$\tilde{e}_1 A Y_h + (1 - \tilde{e}_1)A Y_l - \alpha A (1 - \tilde{e}_1)^2 Y_l - A - \delta(n + \bar{n})(A + \tilde{L}_1)$$

$$- m \tilde{e}_1^2 \leq \tilde{\pi}_1^{NR}$$

$$(6.51)$$

其中 $\tilde{\pi}_1^{NR}$ 是银行不在回购市场上进行借贷的利润，由式（6.12）所决定。

将（6.51）进行变形，可得

$$\bar{n} = \frac{\tilde{e}_1 A Y_h + (1 - \tilde{e}_1)A Y_l - \alpha A (1 - \tilde{e}_1)^2 Y_l - A - m \tilde{e}_1^2 - \tilde{\pi}_1^{NR}}{\delta(A + \tilde{L}_1)} - n \quad (6.52)$$

命题 6.6 得证。

第七章

命题 7.1 的证明

前文的分析已表明，激励相容的风险加权资本充足率需要满足以下条件，$k_2 - k_1 = \dfrac{pb}{(1-p)(1+\delta-\theta)}$。令 $\dfrac{pb}{(1-p)(1+\delta-\theta)} = \Delta$。

为得到最优的 k_2，监管者最大化如下目标函数 $Max \displaystyle\int_0^{\frac{1-k_2}{y-\Delta}} [y - 1 - \delta(k_2 - \Delta\beta) - c(1-\theta)(1-\beta y - k_2 + \Delta\beta)]yd\beta + \displaystyle\int_{\frac{1-k_2}{y-\Delta}}^{\frac{1}{y}} [y - 1 - \delta(k_2 - \Delta\beta)]yd\beta$。求解该函数即可得到命题 7.1。

命题 7.2 的证明

在约束条件下最大化式（7.3）易得命题 7.2。

参考文献

［1］巴塞尔银行监管委员会发布，中国银行业监督管理委员会翻译：《第三版巴塞尔协议》，北京，中国金融出版社，2011。

［2］巴曙松、朱元倩：《巴塞尔资本协议Ⅲ研究》，北京，中国金融出版社，2011。

［3］巴曙松，金玲玲等：《巴塞尔资本协议Ⅲ的实施》，北京，中国人民大学出版社，2014。

［4］黄宪、马理、代军勋：资本充足率监管下银行信贷风险偏好与选择分析，《金融研究》，2005 年第 7 期。

［5］李文泓、罗猛：关于我国商业银行资本充足率顺周期性的实证研究，《金融研究》，2010 年第 2 期。

［6］李妍：金融监管制度、金融机构行为与金融稳定，《金融研究》，2010 年第 9 期。

［7］廖岷、孙涛、丛阳：《宏观审慎监管研究与实践》，北京，中国经济出版社，2014。

［8］陆磊：信息结构、利益集团与公共政策：当前金融监管制度选择中的理论问题，《经济研究》，2000 年第 12 期。

［9］乔安妮·凯勒曼、雅各布·德汗、费姆克·德弗里斯著，张晓朴译：《21 世纪金融监管》，北京，中信出版社，2016。

［10］谭之博、赵岳：企业规模与融资来源的实证研究，《金融研究》，2012 年第 3 期。

［11］巫和懋、郭桂霞：银行资产证券化的自留比例监管，《经济学（季刊)》，2014 年第 4 期。

［12］吴玮：资本约束对商业银行资产配置行为的影响，《金融研究》，2011 年第 4 期。

［13］谢平，邹传伟：金融危机后有关金融监管改革的理论综述，《金融研究》，2010 年第 2 期。

［14］谢平、邹传伟：《银行宏观审慎监管的基础理论研究》，北京，中国金融出版社，2013。

［15］赵岳、郭桂霞：信息不对称下银行最优资本充足率设计，《浙江社会科学》，2014 年第 4 期。

［16］赵岳、谭之博：电子商务、银行信贷与中小企业融资，《经济研究》，2012 年第 7 期。

［17］郑超愚、蔡浩仪、徐忠：外部性、不确定性、非对称信息与金融监管，《经济研究》，2000 年第 9 期。

［18］周小川：金融政策对金融危机的响应——宏观审慎政策框架的形成背景、内在逻辑和主要内容，《金融研究》，2011 年第 1 期。

［19］周小川：《国际金融危机：观察、分析与应对》，北京，中国金融出版社，2012。

［20］Acemoglu, Daron, Asuman, Ozdaglar and Alireza, Tahbas - Salehi, "Systemic Risk and Stability in Financial Networks", NBER Working Paper Series, 2013.

［21］Acharya, Viral, Mehran, Hamid and Thakor, Anjan, "Caught Between Scylla and Charybdis? Regulating Bank Leverage When There is Rent - seeking and Risk - shifting", Federal Reserve Bank of New York Staff Reports, 2011.

［22］Acharya, Viral and Oncii, Sabri, "A Proposal for the Resolution of Systemically Important Assets and Liabilities: The Case of the Repo Market", *International Journal of Central Banking*, 2013, 9 (1), 291 – 351.

［23］Acharya, Viral, and Skeie David, "A Model of Liquidity Hoarding and Term Premia in Interbank Markets", *Jounral of Monetary Economics*, 2011, 58 (5), 436 – 447.

[24] Acharya, Viral, and Viswanathan S. , "Leverage, Moral Hazard and Liquidity", *Journal of Finance*, 2011, 66 (1), 99 – 138.

[25] Ahnert, Toni, "Rollover Risk, Liquidity and Macro – Prudential Regulation", Working Paper, 2014.

[26] Aikman, David, Benjamin, Nelson and Tanaka, Misa, "Credit Capital and Crises, A Theory of Counter – Cyclical Macroprudential Policy", Working Paper, 2011.

[27] Allen, Franklin, Babus, Ana and Carletti, Elena, "Financial Crises: Theory and Evidence", *Annual Review of Financial Economics*, 2009 (1), 97 – 116.

[28] Allen, Franklin, Babus, Ana and Carletti, Elena, "Financial Connections and Systemic Risk", NBER Working Paper Series, 2010.

[29] Allen, Franklin and Carletti, Elena, "Credit Risk Transfer and Contagion", *Journal of Monetary Economics*, 2006, 53 (1), 89 – 111.

[30] Allen, Franklin, Carletti, Elena, and Marquez, Robert, "Credit Market Competition and Capital Regulation", *Review of Financial Studies*, 2011, 24 (4), 983 – 1018.

[31] Allen, Franklin and Gale, Douglas, "Financial Contagion", *Journal of Political Economy*, 2000, 108 (1), 1 – 33.

[32] Allen, Franklin and Gale, Douglas, "Optimal Financial Crisis", *Journal of Finance*, 1998, 53 (4), 1245 – 1284.

[33] Allen, Franklin and Gale, Douglas, *Systemic Risk and Regulation, In the Risks of Financial Institutions*, Chicago University Press, 2005.

[34] Allen, Franklin and Saunders, Anthony, " A Survey of Cyclical Effects in Credit Risk Measurement Models", BIS Working paper, 2003.

173

[35] Alloway, Tracy, "How to Tinker with Bank Risk – Weightings", ft. com/alphaville, June 08, 2011.

[36] Anderson, Henrik, "Procyclical Implications of Basel II: Can the Cyclicality of Capital Requirements be Contained?" *Journal of Financial Stability*, 2011, 7 (3), 138 – 154.

[37] Armour, John, Mayer, Colin and Polo, Andrea, "Regulatory Sanctions and Reputational Damage in Financial Markets", Working Paper, 2012.

[38] Arnold, Bruce, Borio, Claudio, Ellis Luci and Moshirian, Fariborz, "Systemic Risk, Macroprudential Policy Frameworks, Monitoring Financial Systems and the Evolution of Capital Adequacy", *Journal of Banking and Finance*, 2012, 36 (12), 3125 – 3132.

[39] Bangia, Anil, Diebold, Francis and Schuermann, Til, "Ratings Migration and the Business Cycle, With Applications to Credit Portfolio Stress Testing", Wharton Financial Institutions Center Working Paper, 2000 (26).

[40] Basel Committee on Banking Supervision, "The Internal Ratings Based Approach", Bank for International Settlements, January, 2001.

[41] Basel Committee on Banking Supervision, "Proposed Enhancements to the Basel II Framework", Bank for International Settlements, January, 2009.

[42] Basel Committee on Banking Supervision, "A Global Regulatory Framework for More Resilient Banks and Banking Systems", Bank for International Settlements, December, 2010a.

[43] Basel Committee on Banking Supervision, "Guidance for National Authorities Operating the Countercyclical Capital Buffer", Bank for International Settlements, December, 2010b.

[44] Basel Committee on Banking Supervision, "Global Systemically

Important Banks: Updated Assessment Methodology and the Higher Loss Absorbency Requirement", Bank for International Settlements, July, 2013.

[45] Basel Committee on Banking Supervision, "The Interplay of Accounting and Regulation and Its Impact on Bank Behavior: Literature Review", Working Paper, January, 2015.

[46] Berger, Allen, Herring, Richard, and Szego, Giorgio, "The Role of Capital in Financial Institutions", *Journal of Banking and Finance*, 1995, 19 (3 – 4), 393 – 430.

[47] Bernardo, Antonio, and Welch, Ivo, "Liquidity and Financial Market Runs", *Quarterly Journal of Economics*, 2004, 119 (1), 135 – 158.

[48] Bernardo, Antonio, and Welch, Ivo, "Leverage and Preemptive Selling of Financial Institutions", *Journal of Financial Intermediation*, 2013, 22 (2), 123 – 151.

[49] Besanko, David and Kanatas, George, "The Regulation of Bank Capital: Do Capital Standards Promote Bank Safety?", *Journal of Financial Intermediation*, 1996, 5 (2), 160 – 183.

[50] Bhattacharya, Sudipto, "Aspects of Monetary and Banking Theory and Moral Hazard", *Journal of Finance*, 1982, 37 (2), 371 – 384.

[51] Blum, Jurg, "Do Capital Adequacy Requirements Reduce Risks in Banking?", *Journal of Banking and Finance*, 1999, 23 (5), 755 – 771.

[52] Blum, Jurg, "Why 'Basel II' May Need a Leverage Ratio Restriction", *Journal of Banking and Finance*, 2008, 32 (8), 1699 – 1707.

[53] Blum Jurg and Hellwig, Martin, "The Macroeconomic Implications of Capital Adequacy Requirements for Banks", *European Economic Review*, 1995 (39), 739 – 749.

［54］ Blundell – Wignall, Adrian and Atkinson, Paul, "The Sub – prime Crisis: Causal Distortions and Regulatory Reform, In Lessons from the Financial Turmoil of 2007 and 2008", Sydney, Reserve Bank of Australia, 55 – 102.

［55］ Bolton, Patrick, Freixas, Xavier and Shapiro, Joel, "Conflicts of Interest, Information Provision, and Competition in the Financial Services Industry", *Journal of Financial Economics*, 2007, 85 (2), 297 – 330.

［56］ Bolton, Patrick, Santos, Tano, and Scheinkman A. Jose, "Outside and Inside Liquidity", *Quarterly Journal of Economics*, 2011, 126 (1), 259 – 321.

［57］ Boot, Arnoud and Thakor, Anjan, "Self – Interested Bank Regulation", *American Economic Review Paper and Proceedings*, 1993, 83 (2), 206 – 212.

［58］ Borio, Claudio, "Towards a Macroprudential Framework for Financial Supervision and Regulation?" BIS Working Papers, 2003.

［59］ Brunnermeier, Markus, and Pederson, Lasse, "Market Liquidity and Funding Liquidity", *Review of Financial Studies*, 2009, 22 (6), 2201 – 2238.

［60］ Buckley, Ross and Nixon, Justen, "The Role of Reputation in Banking", *Journal of Banking and Finance Law and Practice*, 2009 (20), 37 – 50.

［61］ Campbell, Tim, Chan, Yuk – Shee and Marino, Anthony, "An Incentive Based Theory of Bank Regulation", *Journal of Financial Intermediation*, 1992, 2 (3), 255 – 276.

［62］ Caruana, Jaime, "The International Policy Response to Financial Crises: Making the Macroprudential Approach Operational", BIS Working Paper, 2009.

［63］ Cecchetti, Stephen and Li, Lianfa, "Do Capital Adequacy Requirements Matter for Monetary Policy?", NBER Working Papers, 2005.

［64］ Chan – Lau, Jorge, "Regulatory Capital Charges for Too – Connected – to – Fail Institutions: A Practical Proposal," IMF Working Paper Series, 2010.

［65］ Cooper, Russell, and Ross, Thomas, "Bank Runs, Liquidity Costs and Investment Distortions", *Journal of Monetary Economics*, 1998, 41 (1), 27 – 38.

［66］ Crockett, Andrew, "Marrying the Micro – and Macro – Prudential Dimensions of Financial Stability", BIS Working Paper, September, 2010.

［67］ Dang, Tri Vi, Gary, Gorton and Holmstrom, Bengt, "Haircuts and Repo Chains", Working Paper, 2013.

［68］ Dasgupta, Amil, "Financial Contagion through Capital Connections: A Model of the Origin and Spread of Bank Panics", *Journal of the European Economic Association*, 2004, 2 (6), 1049 – 1084.

［69］ Davis, Philip and Karim, Dilruba, "Macro prudential Regulation: The Missing Policy Pillar", *National Institute Economic Review*, National Institute of Economic and Social Research, 2010, 211 (1), 3 – 16.

［70］ Dewatripong, Mathias and Tirole, Jean, *The Prudential Regulation of Banks*, Cambridge, MA: MIT Press, 1994.

［71］ Dewatripont, Mathias and Tirole, Jean, "Macroeconomic Shocks and Banking Regulation", *Journal of Money, Credit and Banking*, 2012, 44 (2), 237 – 254.

［72］ Diamond, Douglas and Dybvig, Philip, "Bank Runs, Deposit Insurance, and Liquidity", *Journal of Political Economy*, 1983, 91 (3), 401 – 419.

[73] Dreyfus, Jean – Francois, Saunders, Anthony and Allen, Linda, "Deposit Insurance and Regulatory Forbearance: Are Caps on Insured Deposits Optimal?", *Journal of Money, Credit and Banking*, 1994, 26 (3), 412 – 438.

[74] Estrella, Arturo, "The Cyclical Behavior of Optimal Bank Capital", BIS Working Paper, 2001.

[75] Estrella, Arturo, "Bank Capital and Risk: Is Voluntary Disclosure Enough?", *Journal of Financial Services Research*, 2004, 26 (2), 145 – 60.

[76] Fender, Ingo and Mitchell, Janet, "Incentives and Tranche Retention in Securitisation: A Screening Model", Working Paper Series, 2009.

[77] Financial Stability Board (FSB), "2013 Update of Group of Global Systemically Important Banks", 2013.

[78] Flannery, Mark, "Capital Regulation and Insured Bank's Choice of Individual Loan Default Risk", *Journal of Monetary Economics*, 1989, 24 (2), 235 – 258.

[79] Freixas, Xavier, Parigi, Bruno, and Rochet, Jean – Charles, "Systemic Risk, Interbank Relation and Liquidity Provision by the Central Bank", *Journal of Money, Credit and Banking*, 2000, 32 (3), 611 – 638.

[80] Froot Kenneth and Stein, Jeremy, "Risk Management, Capital Budgeting and Capital Structure Policy for Financial Institutions: An Integrated Approach", *Journal of Financial Economics*, 1998 (47), 55 – 82.

[81] Furlong, Frederick and Keeley Michael, "Capital Regulation and Bank Risk – Taking, A Note", *Journal of Banking and Finance*, 1989, 13 (6), 883 – 891.

[82] G20, Declaration on Strengthening the Financial System, London

Summit, April, 2009.

[83] Gauthier, Celine, Lehar, Alfred and Souissi, Moez, "Macroprudential Capital Requirements and Systemic Risk", *Journal of Financial Intermediation*, 2012, 21 (4), 594 – 618.

[84] Gennotte, Gerard and Pyle, David. "Capital Controls and Bank Risk", *Journal of Banking and Finance*, 1991, 15 (4 –5), 805 –24.

[85] Gersbach, Hans and Rochet, Jean – Charles, "Aggregate Investment Externalities and Macroprudential Regulation", CEPR Discussion Papers, 2012.

[86] Gersbach, Hans and Wehrspohn Uwe, "The Risk Weights of the IRB Approaches", *Risknews*, 2001 (11), 3 –32.

[87] Giammarino, Ronald, Lewis, Tracy and Sappington, David, "An Incentive Approach to Banking Regulation", *Journal of Finance*, 1993, 48 (4), 1523 –1542.

[88] Goldstein, Itay and Pauzner, Ady, "Contagion of Self – fulfilling Financial Crises due to Diversification of Investment Portfolios", *Journal of Economic Theory*, 2004, 119 (1), 151 – 183.

[89] Gorton, Gary and Metrick, Andrew, "Securitized Banking and the Run on Repo", *Journal of Financial Economics*, 2011, 104 (3), 425 – 451.

[90] Gorton, Gary, *Slapped by the Invisible Hand*: *The Panic of* 2007, Oxford University Press, USA, 2010.

[91] Gorton, Gary and Winton, Andrew, *Financial Intermediation*, *Handbooks in Economics*, Vol. 1. Amsterdam, London and New York: Elsevier, North Holland, 431 –552, 2003.

[92] Griffith – Jones, Stephany, Spiegel, Shari, and Thiemann, Matthias, "Recent Developments in Regulation in the Light of the Global Finan-

cial Crisis: Implications for Developing Countries", Working Paper, 2011.

[93] Hansen, Samuel, Kashyap, Anil and Stein, Jeremy, "A Macroprudential Approach to Financial Regulation", *Journal of Economic Perspectives*, 2011, 25 (1), 3 – 28.

[94] Hellmann, Thomas, Murdock, Kevin and Stiglitz, Joseph, "Liberalization, Moral Hazard in Banking and PrudentialRegulation: Are Capital Requirements Enough?", *American Economic Review*, 2000, 90 (1), 147 – 65.

[95] Heider, Florian, Hoerova, Marie and Cornelia, Holthausen, "Liquidity Hoarding and Interbank Market Rates, The Role of Counterparty Risk", *Journal of Financial Economics*, 2015, 118 (2), 336 – 354.

[96] Henrik, Andersen, "Procyclical Implications of Basel II: Can the Cyclicality of Capital Requirements Be Contained?", *Journal of Financial Stability*, 2011, 7 (3), 138 – 154.

[97] Holmstrom, Bengt and Tirole, Jean, "Financial Intermediation, Loanable Funds, and the Real Sector", *Quarterly Journal of Economics*, 1997, 112 (3), 663 – 691.

[98] Horvath, Balint and Wagner, Wolf, "The Disturbing Interaction between Countercyclical Capital Requirements and Systemic Risk", Working Paper Series, 2013.

[99] Huang, Xin, Zhou, Hao and Zhu, Haibin. , "Assessing the Systemic Risk of a Heterogeneous Portfolio of Banks During the Recent Financial Crisis", *Journal of Financial Stability*, 2012, 8 (3), 193 – 205.

[100] Iasio, Giovanni and Quagliariello, Mario, "Incentives Through the Cycle, Microfounded Macroprudential Regulation", MPRA Paper, 2011.

[101] Jarrow, Robert, "A Leverage Ratio Rule for Capital Adequacy", *Journal of Banking and Finance*, 2013, 37 (3), 973 – 76.

[102] Jensen, Michael and Meckling, William, "Theory of the Firm: Managerial Behavior, Agency Costs and Ownership Structure", *Journal of Financial Economics*, 1976, 3 (4), 305 – 360.

[103] Jokivuolle, Esa, Kiema, Ilkka. and Vesala, Timo, "Why Do We Need Countercyclical Capital Requirements?", *Journal of Financial Services Research*, 2013 (5).

[104] Jones, David, "Emerging Problems with the Basel Capital Accord: Regulatory Capital Arbitrage and Related Issues", *Journal of Banking and Finance*, 2000, 24 (1), 35 – 58.

[105] Lorenzoni, Guido, "Inefficient Credit Booms", *Review of Economic Studies*, 2008, 75 (3), 809 – 833.

[106] Lowe, Philip, "Credit Risk Measurement and Procyclicality", Bank for International Settlements Working Paper, 2002.

[107] Kahane, Yehuda, "Capital Adequacy and the Regulation of Financial Intermediaries", *Journal of Banking and Finance*, 1977, 1 (2), 207 – 218.

[108] Kashyap, Anil, Berner, Richard and Goodhart, Charles, "The Macroprudential Toolkit", Working Paper Series, 2010.

[109] Kashyap, Anil, Rajan, Raghuram, and Jeremy, Stein, "Rethinking Capital Regulation", Working Paper, 2009.

[110] Kashyap, Anil, and Stein, Jeremy, "Cyclical Implications of the Basel II Capital Standards", *Economic Perspectives*, 2004, First Quarter 18 – 31.

[111] Keeley, Michael and Furlong, Frederick, "A Reexamination of the Mean – Variance Analysis of Bank Capital Regulation", *Journal of Banking and Finance*, 1990, 14 (1), 69 – 84.

[112] Keys, Benjamin, Mukherjee, Tanmoy, Seru, Amit and Vig,

Vikrant, "Did Securitization Lead to Lax Screening? Evidence from Subprime Loans", *Quarterly Journal of Economics*, 2010, 125 (1), 307 – 362.

[113] Kiema, Ilkka and Jokivuolle, Esa, "Leverage Ratio Requirement, Credit Allocation and Bank Stability", Bank of Finland Research Discussion Papers, October, 2011.

[114] Kim, Taejin and Mangla, Vishal, "Optimal Capital Regulation with Two Banking Sectors", Working Paper Series, 2011.

[115] Kim, Daesik. and Santomero, Anthony, "Risk in Banking and Capital Regulation", *Journal of Finance*, 1988, 43 (5), 1219 – 1233.

[116] Koehn, Michael and Santomero, Anthony, "Regulation of Bank Capital and Portfolio Risk", *Journal of Finance*, 1980, 35 (5), 1235 – 1244.

[117] Kopecky, Kenneth and VanHoose, David, "Can Capital Requirements Induce Private Monitoring That Is Socially Optimal?", *Journal of Financial Stability*, 2012, 8 (4), 252 – 62.

[118] Korinek, Anton, "Systemic Risk – Taking: Amplification Effects, Externalities, and Regulatory Responses", Working Paper, 2012.

[119] Kowalik, Michal, "How to Make Banks Reveal Their Information", Federal Reserve Bank of Kansas City Research Working Paper, 2011.

[120] Malherbe, Frederic, "Self – Fulfilling Liquidity Dry – ups", *Journal of Finance*, 2014, 69 (2), 947 – 970.

[121] Mariathasan, Mike and Merrouche Ouarda, "The Manipulation of Basel Risk Weights, Evidence From 2007 – 10", Oxford Discussion Paper Series, 2012.

[122] Martin, Antoine, Skeie, David and von Thadden, Ernst – Ludwig "Repo Runs", Working Paper, 2011.

［123］ Masciandaro, Donato and Passarelli, Francesco, "Financial Systemic Risk: Taxation or Regulation?", *Journal of Banking and Finance*, 2013, 37 (2), 587 – 596.

［124］ Milne, Alistair, "Bank Capital Regulation as an Incentive Mechanism: Implications for Portfolio Choice", *Journal of Banking and Finance*, 2002, 26 (1), 1 – 23.

［125］ Modigliani, Franco and Miller, Merton, "The Cost of Capital, Corporation Finance, and the Theory of Investment", *American Economic Review*, 1958, 48 (3), 261 – 297.

［126］ Morris, Stephen and Shin, Hyun Song, "Liquidity Black Holes", *Review of Finance*, 2004, 8 (1), 1 – 18.

［127］ Morrison, Alan and White, Lucy, "Crises and Capital Requirements in Banking", *American Economic Review*, 2005, 95 (5), 1548 – 1572.

［128］ Morrison, Alan and White, Lucy, "Reputational Contagion and Optimal Regulatory Forbearance", *Journal of Financial Economics*, 2013, 110 (3), 642 – 658.

［129］ Nagarajan, Sabitha and Sealey, Willliam, "Forbearance, Deposit Insurance Pricing, and Incentive Compatible Bank Regulation", *Journal of Banking and Finance*, 1995, 19 (6), 1109 – 1130.

［130］ Plantin, Guillaume, "Learning by Holding and Liquidity", *Review of Economic Studies*, 2009, 76 (1), 395 – 412.

［131］ Pennacchi, George, "Risk – Based Capital Standards, Deposit Insurance and Procyclicality", *Journal of Financial Intermediation*, 2005, 14 (4), 432 – 465.

［132］ Prescott, Edward "Auditing and Bank Capital Regulation", *Federal Reserve Bank of Richmond Economic Quarterly*, 2004, 90 (4),

47 – 63.

[133] Repullo, Rafael, "Capital Requirements, Market Power and Risk Taking in Banking", *Journal of Financial Intermediation*, 2004, 13 (2), 156 – 82.

[134] Repullo, Rafael and Saurina, Jesús , "The Countercyclical Buffer of Basel Ⅲ, A Critical Assessment", Working Paper, 2011.

[135] Repullo, Rafael and Suarez, Javier, "Loan Pricing under Basel Capital Requirements", *Journal of Financial Intermediation*, 2004, 13 (4), 496 – 521.

[136] Repullo, Rafael and Suarez, Javier, "The Procyclical Effects of Bank Capital Regulation", *Review of Financial Studies*, 2013, 26 (2), 452 – 490.

[137] Rochet, Jean – Charles, "Capital Requirements and the Behaviour of Commercial Banks", *European Economic Review*, 1992, 36 (5), 1137 – 1170.

[138] Rugemintwari, Clovis, "The Leverage Ratio as a Bank Discipline Device", *Revue Economique*, 2011, 62 (3), 479 – 490.

[139] Santomero, Anthony and Watson, Ronald, "Determining an Optimal Capital Standard for the Banking Industry", *Journal of Finance*, 1977, 32 (4), 1267 – 1282.

[140] Santos, Joao, "Bank Capital and Equity Investment Regulations", *Journal of Banking and Finance*, 1995, 23 (7), 1095 – 1120.

[141] Spinassou, Kevin, "How Does Leverage Ratio Impact National Banking Systems", Working Paper, 2012.

[142] Shleifer, Andrei and Vishny, Robert, "Unstable Banking", *Journal of Financial Economics*, 2010, 97 (3), 306 – 318.

[143] Thakor, Anjan, "Capital Requirements, Monetary Policy, and

Aggregate Bank Lending: Theory and Empirical Evidence", *Journal of Finance*, 1996, 51 (1), 279 – 324.

[144] Vanhoose, David, "Theories of Bank Behavior under Capital Regulation", *Journal of Banking and Finance*, 2007 (31), 3680 – 3697.

[145] Wagner, Wolf, "Diversification at Financial Institutions and Systemic Crises", *Journal of Financial Intermediation*, 2010 (19), 373 – 386.

[146] Walter, Ingo, *Reputational Risk and Conficts of Interest in Banking and Finance: The Evidence So Far*, *Variations in Economic Analysis: Essays in Honor of Eli Schwartz*, Pages 75 – 97, New York and Dordrecht: Springer, 2010.

[147] Wu, Ho – Mou and Zhao, Yue, "Optimal Leverage Ratio and Capital Requirements with Limited Regulatory Power", *Review of Finance*, 2016, 20 (6), 2125 – 2150.

[148] Wu, Ho – Mou and Zhao, Yue, "Optimal Capital Requirement and Regulatory Power", Working Paper, 2014, Presented at the 7th Swiss Winter Conference on Financial Intermediation, Lenzerheide, Switzerland.

[149] Zawadowski, Adam, "Entangled Financial Systems", *Review of Financial Studies*, 2013, 26 (5), 1291 – 1323.

后　记

在本书即将付梓之际，我既感到由衷的欣喜，又感到忐忑不安。危机后金融监管政策的分析和评估是一项复杂而困难的工作，各方对评估方法的选取和评估结果的解读也远未达成共识。新金融监管政策下一步应该如何完善，仍有许多问题需要研究和探索。从这一角度讲，本书更多的是一个开端。希望以此作为引玉之砖，促进更多关注金融监管政策设计和评估的研究。

在此，我要深切感谢所有帮助过我的老师、领导、同事、家人和好友们。本书的部分章节来自我的北京大学博士论文。衷心感谢北京大学国家发展研究院巫和懋教授在论文写作过程中给予的谆谆教诲和无私帮助。感谢美国哥伦比亚大学魏尚进、Joseph Stiglitz、Patrick Bolton、Charles Calomiris 和 Evan Picoult 等教授对论文所涉问题的指导和交流。感谢北京大学林毅夫、姚洋、宋国青、黄益平、余淼杰、汪浩、蔡洪斌、周黎安、郭研、胡涛、宋芳秀、卢晓东等教授对我的有益启发和大力关怀。感谢北京大学行桂英、沙丽曼；清华大学刘航；对外经济贸易大学王勇、郭桂霞；中央财经大学魏旭等良师益友提出的宝贵建议。感谢中国人民银行朱隽、张正鑫、曹莉、郭凯等领导和同事对我的悉心栽培和帮助。

感谢中国金融四十人论坛秘书长王海明，他为本书的写作提供了非常好的交流和讨论平台。

最后，感谢我的先生宋甲给予我的一如既往的支持和鼓励，感谢我的父母在我成长道路上永远无私的陪伴和奉献，感谢我的女儿带给我无尽的快乐。希望我今后能以更好的方式回报他们伟大的爱。

186